尚书译注

樊东 译注

北京联合出版公司
Beijing United Publishing Co.,Ltd.

目录

周　书

前　　言

《尚书》，原名《书》，到了西汉才称为《尚书》。“尚”即“上”，为“上古”意，“书”就是历史简册，故《尚书》即为“上古之书”。因其后被列为儒家经典，故又称《书经》。它是距今约三千年间的一部官方文件总集，也是我国最早的一部历史文献汇编性著作。秦汉以来，被尊为五经之一。

《尚书》中的篇章原来都是历代史官记录和收藏的官方政治文件及重要的政治论文，数量很多。相传到了春秋末期，孔子对这些篇章进行删减，选择了其中一些重要的具有教化意义的篇章，按年代顺序予以编排，约百篇。《史记·孔子世家》载：“孔子之时，周室微而礼、乐废，《诗》《书》缺。追迹三代之礼，序《书》传，上纪唐虞之际，下至秦穆，编次其事。”又《汉书·艺文志》引刘歆《七略》：“《书》之所起远矣，至孔子纂焉。上断至尧，下讫于秦，凡百篇，而为之序。”但一直以来，孔子是否对《尚书》进行了删减和编排，学界尚有争论。

秦时焚书，《尚书》也不免遭殃，但所幸的是《尚书》并未完全亡佚。这里不得不提到一个人，就是伏生。他原是秦博士，专门研究和传授《尚书》。秦汉之际，天下大乱，伏生将自己手中的《尚书》藏匿起来。《史记·儒林列传》载：“秦时焚书，伏生壁藏之。其后兵大起，流亡。伏生求其书，亡数十篇，独得二十九篇。”由此可见，庆幸之余的遗憾是伏生只找回了二十九篇，他凭此二十九篇在齐鲁大地教授学生。《史记·儒林列传》：“伏生者，济南人也。故为秦博士。孝文帝时，欲求能治《尚书》者，天下无有，乃闻伏生能治，欲召之。是时伏生年九十余，老不能行，于是乃诏太常使掌故晁错往受之。”伏生口授，由学生将二十九篇《尚书》记录下来，因记录所用的文字是当时通行的隶书，故称“今文《尚书》”。伏生所传《尚书》有二十九篇。二十九篇分别是：

《虞书》《夏书》：《尧典》《皋陶谟》《禹贡》《甘誓》

《商书》：《汤誓》《盘庚》《高宗肜日》《西伯戡黎》《微子》

《周书》：《牧誓》《洪范》《金縢》《大诰》《康诰》《酒诰》《梓材》《召诰》《洛诰》《多士》《无逸》《君奭》《多方》《立政》《顾命》《吕刑》《文侯之命》《费誓》《秦誓》《泰誓》

武帝末年从民间又得一篇《泰誓》，称“后得《泰誓》”，东汉学者由此怀疑伏生所传《泰誓》或为后人加入，故后世多称伏生所传为二十八篇。

汉武帝时期，鲁恭王为了扩建宫室而拆孔子旧宅，在墙壁中发现了一部《尚书》，共四十五篇，其中有二十八篇与伏生的今文《尚书》基本相同，因其用秦代以前的文字书写，故称“古文《尚书》”。后由孔子后裔孔安国献给朝廷。伏生的今文《尚书》在两汉一直流传，并得到官方的认可而被立为学官。而古文《尚书》直到西汉中后期才逐渐受到关注，只有一个短暂的时期被立为学官，东汉时即被取消。传授今文《尚书》的人被称为“今文学家”，传授古文《尚书》的被称为“古文学家”，于是形成了两大派别。

西晋永嘉之乱以后，今、古文《尚书》相继失传。到了东晋时期，豫章内史梅赜突然向朝廷献上了孔安国的《孔传古文尚书》五十八篇，其中有三十三篇和伏生的今文《尚书》内容相同，多出的二十五篇被称为“晚书”。唐初孔颖达在奉命修《尚书正义》的时候采用了《孔传古文尚书》，《尚书正义》即成为官方定本而流传于世。

与此同时，关于今文、古文《尚书》真伪的争论也日渐激烈。自东汉末始，马融第一个对今文《尚书》的真伪提出疑问，其后对今文《尚书》本身真伪及其著作年代和作者的争论，一直没有停止。而对古文《尚书》真伪的争论更加激烈。自东汉末年直至宋、元、明、清的许多学者，都对梅赜所献的这本来历蹊跷的《尚书》产生疑问，以致一些学者直接视古文《尚书》为“后儒”伪作。清代学者阎若璩还专门写了一本《古文尚书疏证》，指出伪古文形成过程中的许多破绽，系统论证古文《尚书》为伪作。近代学界的争论一直持续不断，而“清华简”（2008年7月，一位校友向清华大学捐赠了2 388枚战国竹简，简称“清华简”）的出现，又以实物的形式力证古文《尚书》为伪书。自此古文《尚书》的真伪争论，再次甚嚣尘上。对此问题，我们在这里就不再赘述和探讨。

关于《尚书》的分类问题，根据前人观点，大致可分为五类：

典：记载古代典制

如《尧典》《舜典》《禹贡》《洪范》《吕刑》等

谟：谋议、政治会议、君臣之间的讨论等

如《大禹谟》《皋陶谟》等

诰：上级对下级的诰命，或大臣们之间的告诫、勉励

如《汤诰》《酒诰》《召诰》《洛诰》等

誓：誓师之辞

如《甘誓》《汤誓》《牧誓》《费誓》《秦誓》等

命：天子对诸侯或大臣的嘉奖或册命

如《顾命》《毕命》《文侯之命》等

由于篇幅和内容的局限，本次译注只节选了今文《尚书》的二十八篇。每一篇都包括了题解、原文、注释、译文。题解主要介绍每一篇的大致内容。原文所采用的是《十三经注疏》本，并参考了其他一些版本。注释部分力求简洁明了，不做深层次考辨，部分参考了《尚书正义》《尚书今古文注疏》等古代学者的经典注解和部分现代学者的注解。译文部分采取了直译为主、意译为辅的原则，力求在紧扣原文的基础上更利于读者阅读和理解。

《尚书》历来难懂,对于《尚书》的注解问题也有很多争议。由于译注者才学浅薄，不免会有缺失之处，还请读者朋友多多批评和指正，不胜感激。

樊东

2012 年 10 月

虞书

尧　典

题解

尧，又称帝尧、唐尧，是我国传说中上古时期一个著名的氏族首领，五帝之一。“典”，是指重要的简册和文书，所谓“五帝之书谓之‘五典’”。可见“典”的重要性。

《尧典》主要记载了尧帝德行方面的事迹，包括任命官员、制定历法，选拔人才，议定接班人，制定刑罚等内容。它是研究我国上古时期的政治制度，思想和文化的重要文献。

昔在帝尧，聪明文思①，光宅天下②。将逊于位③，让于虞舜，作《尧典》。

注释

①聪：听力好，这里指善于倾听，听到的事物多而广。

明：视力好，此处指明察事理。文：文采。思：善于思考。

②光：光辉。宅：遍布，充满。

③逊：退。

译文

以前帝尧在位的时候，他能广泛听取，明察秋毫，富有文采，善于思考；光辉布天下。在将要退位禅让给虞舜的时候，史官作了《尧典》，把当时发生的事情记载下来。

（以上是《尧典》的序言）

曰若稽古[①]：

帝尧曰放勋，钦明文思安安[②]，允恭克让[③]，光被四表[④]，格于上下[⑤]。克明俊德[⑥]，以亲九族[⑦]。九族既睦，平章百姓[⑧]。百姓昭明，协和万邦[⑨]，黎民于变时雍[⑩]。

注释

①曰若：《尚书》中常用此作为追述历史往事的发语词。
稽：考察。

②钦：指处事谨慎认真。明：明察。
安安：通“晏晏”。温顺和蔼的样子。

③允：确实。恭：恭敬。克：能够。让：谦让。

④被：覆盖。四表：四方以外的荒远之地。

⑤格：至，到达。上下：指天地。

⑥明：显露，彰显。俊：大，指超越一般。

⑦九族：即高祖、曾祖、祖、父、本人、子、孙、曾孙、玄孙。另有说法是指父族四代，母族三代，妻族二代。

⑧平：通“辨”。分辨。章：彰明。百姓：百官族姓。

⑨万邦：指众多的邦国。

⑩黎民：黎，众多，黎民指众多老百姓。
于：于是。时：善。雍：和。

译文

查考上古的往事：尧的名字叫放勋，他处事谨慎认真，明察是非，言行文雅而思维敏捷，和蔼可亲，待人确实恭敬而谦让，光辉普照遍及天下。他能够发扬高尚的德行，使自己的家族亲近和睦。家族和睦相处之后，又区分辨明百官及众氏族的事务。百官及众氏族辨明之后，又去协调众多邦国，使其和睦，天下的黎民百姓于是都友善和谐。

乃命羲和[①]，钦若昊天[②]，历象日月星辰[③]，敬授人时[④]。分命羲仲宅嵎夷[⑤]，曰旸谷[⑥]。寅宾出日[⑦]，平秩东作[⑧]。日中[⑨]、星鸟[⑩]，以殷仲春[⑪]。厥民析[⑫]，鸟兽孳尾[⑬]。申命羲叔，宅南交[⑭]。平秩南讹[⑮]，敬致[⑯]。日永[⑰]、星火[⑱]，以正仲夏。厥民因[⑲]，鸟兽希革[⑳]。分命和仲[㉑]，宅西，曰昧谷[㉒]。寅饯纳日[㉓]，平秩西成[㉔]。宵中[㉕]、星虚[㉖]，以殷仲秋。厥民夷[㉗]，鸟兽毛毨[㉘]。申命和叔宅朔方[㉙]，曰幽都[㉚]，平在朔易[㉛]。日短[㉜]、星昴[㉝]，以正仲冬。厥民隩[㉞]，鸟兽氄毛[㉟]。

帝曰："咨[㊱]！汝羲暨和。期三百有六旬有六日[㊲]，以闰月定四时，成岁。允厘百工[㊳]，庶绩咸熙[㊴]。"

注释

①羲 xī 和：即羲氏与和氏，他们是世代执掌天文历法的官员。

②钦：恭敬，谨慎。若：顺，遵循。

昊 hào 天：天地，大自然。

③历：推算。象：图像，这里指日月星辰运行的图像和规律。

④人时：原作"民时"，唐代因避唐太宗之讳而改为"人时"。时，即时令。

⑤羲仲：羲氏的族弟。宅：居住。嵎 yú 夷：地名，处东海之滨。

⑥旸 yáng 谷：传说中日出的地方。

⑦寅：恭敬。宾：导，引导。

⑧平：辨，辨别。秩：察。东作：太阳从正东方升起的时刻。
⑨日中：白昼的长短居中，指春分这一天。
⑩星鸟：星名，即朱雀七宿，因其星图与鸟形相似，故称“星鸟”。
⑪殷：正，定。
⑫厥：同“其”。析：分散。
⑬孳：生殖繁衍。尾：交配。
⑭南交：古代地名，在南方。
⑮讹：运行。
⑯致：来到，此处指送来。
⑰日永：白天长。
⑱星火：星名，东方青龙七宿中的大火心宿。
⑲因：就。犹今天所说的就地而卧以纳凉。
⑳希革：这里指鸟兽的毛羽稀疏。
㉑和仲：和氏的弟弟。
㉒昧谷：地名，传说中太阳落山之地。
㉓饯：饯行，送行。纳日：落日。
㉔西成：太阳完成西落的时刻。
㉕宵中：夜晚的时间长短居中，指秋分这一天。
㉖星虚：星名，北方玄武七宿中的一颗星。
㉗夷：成，即收割。
㉘毨 xiǎn：鸟毛重新生长。
㉙朔方：北方。㉚幽都：传说中的北方地名。
㉛朔易：指太阳由北向南回归。易，改变。
㉜日短：白天的时间短。
㉝星昴 mǎo：星名，西方白虎七宿之一。
㉞隩 yù：房屋。㉟氄 rǒng：细软的绒毛。

㊱咨：叹词，表示感叹。

㊲期：一周年。

㊳允：用。厘：治，治理。百工：指各项事业。

㊴庶：众。咸：皆，都。熙：兴旺，兴起。

译文

于是就命令羲氏与和氏，恭敬认真地遵从自然，推算出日月星辰的运行图像和规律，以制定历法，谨慎地把时令教授给人们。分命羲仲居住在东方的旸谷，恭敬地迎接日出，辨别和观察太阳从正东方升起的时刻。白天的时间长短居中，且在傍晚的时候，鸟星出现在天上，以此来确定春分之日。这个季节，人们纷纷在田野里劳作，鸟兽开始生殖交配。又命令羲叔居住在南方的交趾，辨别和观察太阳在南方运行的情况，恭敬地迎接太阳到达南方。以白天时间最长，黄昏时刻火星出现在天上为标志，来确定夏至之日。这时天气暑热，人们席地纳凉，鸟兽身上的羽毛因为脱落而显得稀疏。又命令和仲居住在西方的昧谷，恭送太阳落山，辨别观察太阳落山的时刻。并以夜晚的时间长短居中，以及黄昏时虚星出现在天空为标志，来确定秋分之日。这是人们收获的季节，鸟兽也开始长出新的羽毛。又命令和叔居住在北方的幽都，辨别观察太阳由北向南开始运行的时间。并以白天时间最短，且黄昏时昴星出现在天空为标志，来确定冬至之日。这个时节，人们居住在屋里，鸟兽也长出了柔软的绒毛。

尧帝说："啊！羲氏以及和氏，一周年是三百三十六天，你们需要设置闰月以确定四季，进而构成一岁。用此历法来治理各项事业，那么众多事业都会业绩兴盛的。"

帝曰："畴咨[1]？若时登庸[2]。"

放齐曰[3]："胤子朱启明[4]。"

帝曰："吁！嚚讼[5]，可乎？"

帝曰："畴咨？若予采[6]。"

欢兜曰[7]："都[8]！共工方鸠僝功[9]。"

帝曰："吁！静言庸违[10]，象恭滔天[11]。"

帝曰："咨！四岳[12]，汤汤洪水方割[13]，荡荡怀山襄陵，浩浩滔天，下民其咨，有能俾乂[14]？"

佥曰[15]："於[16]！鲧哉[17]。"

帝曰："吁！咈哉[18]，方命圮族[19]。"

岳曰："异哉，试可乃已[20]。"

帝曰："往！钦哉[21]！"九载，绩[22]用弗成。

注释

①畴：谁。咨：语气词

②若：顺应。时：天时。登庸：升职，提拔。

③放齐：尧帝的一个大臣。

④胤：后代。朱：丹朱，尧帝之子。启明：指开明的意思。

⑤嚚 yín：说话不忠信。讼：争讼，争辩。

⑥予：我。采：事，这里指处理事务。

⑦欢兜：尧帝的大臣。⑧都：语气词，表示赞美。

⑨共工：尧帝的大臣。方：读为“旁”，指普遍。

鸠：聚集。僝 chuán：具，显示。

⑩静：通“靖”。指言语恭敬美善。庸：同“用”。

⑪象：外表。滔：同“慆”。怠慢。

⑫四岳：四方的诸侯。⑬割：通“害”。

⑭俾：使。乂 yì：治理。

⑮佥：都，皆。⑯於：语气词。

⑰鲧 gǔn：尧帝的大臣，相传是禹的父亲。

⑱咈 fú：违背的意思，指不行。

⑲方：通“放”。指放弃。圮 pǐ：坍塌，毁坏。

⑳已：止。㉑钦：恭敬，认真。

㉒绩：功绩。

译文

尧帝说：“谁能够顺应天时而被提拔任用呢？”

放齐答道：“您的儿子丹朱思想很开化。”

尧帝说：“嚚！他说话不够诚实，又喜欢和别人争执，这样可以吗？”

尧帝说：“谁能协助我处理政务呢？”

欢兜答道：“共工善于广泛团结别人，且拥有功劳。”

尧帝说：“唉！他讲话貌似谦虚恭敬，用他的时候却违命不听，连老天爷都敢怠慢。”

尧帝说：“啊！四方诸侯的首领们，现在正是洪水泛滥、危害天下的时候，水势包围了山冈，蔓延到了山陵。洪水滔天，老百姓忧虑叹息，有能够使洪水得到治理的人吗？”

四岳的首领们都说：“啊！鲧可以啊！”

尧帝说：“唉！他不服从命令，还毁坏其族人关系。”

四岳的首领们说：“不是吧！试试他，要是不行就算了。”

尧帝说：“去吧！鲧，你要谨慎认真啊！”九年过去了，鲧治水还是没有取得什么功绩。

帝曰："咨！四岳，朕在位七十载，汝能庸命[①]，巽朕位[②]？"

岳曰："否德[③]，忝帝位[④]。"

曰："明明扬侧陋[⑤]。"

师锡帝曰[⑥]："有鳏在下[⑦]，曰虞舜。"

帝曰："俞[⑧]！予闻，如何？"

岳曰："瞽子[⑨]，父顽，母嚚，象傲，克谐以孝，烝烝乂[⑩]，不格奸。"

帝曰："我其试哉！女于时[⑪]，观厥刑于二女[⑫]。"厘降二女于妫汭[⑬]，嫔于虞[⑭]。

帝曰："钦哉！"

注释

①庸命：用命。

②巽 xùn：担任，履行。

③否德：无德。

④忝：辱没。

⑤明明：明察贤明之人。

扬侧陋：举荐地位卑微之人以及居住在偏远地区的隐士。

⑥师：众人。锡：通"赐"。这里指给尧帝提意见。

⑦鳏 guān：单身男子，这里指孤苦的人。

⑧俞：当然，是啊。

⑨瞽 gǔ：瞎子。

⑩烝烝：蒸蒸日上的意思。

⑪女：名词用作动词，指嫁女儿。时：同"是"。代指舜。

⑫厥：其，指舜。刑：原则，法则，指舜为人处世的原则和方法。

⑬厘：命令。妫 guī：即妫水河。

汭 ruì：水流弯曲的地方或河流汇合处。

⑭嫔：妇人，这里名词用作动词，指给舜作嫔。

译文

尧帝说："啊！四方诸侯之长，我在位已经七十年了，你们谁能顺从天命，接替我的位子？"

四岳的首长们说："我们德行浅薄啊，会有辱帝位的。"

尧帝说："那你们给我找出一个贤明的人，或者推荐一个居处偏远地区的隐士吧。"

众人向尧帝进言道："在民间有个孤苦的单身男子，叫虞舜。"

尧帝说："是啊！我听说过这个人，他怎么样啊？"

四岳的一个首领说："他是那个瞎子乐官的儿子。他父亲顽固不化，他母亲不诚实，他弟弟又傲慢无礼，但他却能够以孝道和他们和谐相处。他积极上进，不至于变为奸邪之人。"

尧帝说："我就考验他一下吧！我把两个女儿嫁给他，从我的两个女儿那里就可以观察到他为人处事的原则和他的品行了。"于是尧帝就把两个女儿下嫁到虞舜所居住的妫水弯，给虞舜做了媳妇。

尧帝说："恭敬认真地去做事吧！"

皋陶谟

题解

皋陶，舜帝时的大臣。谟，就是谋，谋略。皋陶在和舜帝的一次谈话中阐述了其治国的理念和方略，史官记载下了谈话的内容，故称“皋陶谟”。这是《尚书》中的重要篇章，是研究上古政治思想史的重要史料。此篇在今、古文《尚书》中皆有，不同之处是今文《尚书》把本篇和《益稷》合为了一篇。

曰若稽古：

皋陶曰：“允迪厥德①，谟明弼谐②。”

禹曰：“俞，如何？”

皋陶曰：“都！慎厥身③，修思永④。惇叙九族⑤，庶明励翼⑥，迩可远⑦，在兹。”

禹拜昌言曰⑧：“俞！”

皋陶曰：“都！在知人⑨，在安民。”

禹曰：“吁！咸若时⑩，惟帝其难之。知人则哲⑪，能官人⑫。安民则惠，黎民怀之。能哲而惠，何忧乎欢兜？何迁乎有苗⑬？何畏乎巧言令色孔壬⑭？”

注释

①允：诚，真。迪：践行，遵行。厥：其，这里代指舜帝。

②谟：谋略，决策。明：英明。弼：辅佐。谐：和谐，齐心协力。

③厥：其，代指自己。④永：长久，永久。

⑤惇 dūn：宽厚，敦厚。叙：顺。

⑥庶：众，众多。明：贤明之人。励：勉励。翼：辅佐。

⑦迩：近。⑧昌：善，美。昌言：美言。

⑨知人：了解所要任用的人。

⑩咸：都，全部。时：通“是”。代指“这样”。

⑪哲：明智。⑫官人：任用人。

⑬有：用于名词前的词头，无意义。迁：流放。

⑭巧言：花言巧语。令色：和善的面容。

孔：很，非常。壬：奸佞的人。

译文

查考上古的往事。

皋陶说：“诚实认真地遵循着先王的德政，就会决策英明，辅臣们也会和谐相处，团结一致。”

大禹说：“说得好啊！那么具体应当怎么样去实行呢？”

皋陶说：“自己首先要谨慎，不断地加强自身的修养。对待自己的族人要宽厚，使贤明的人受到勉励而努力辅佐。由近可以及远，道理就在这里。”

大禹听了这番美言之后，拜谢说：“说得好啊！”

皋陶说：“除此之外，还要了解所任用的人，还要安抚老百姓。”

大禹说：“啊！都像这样的话，连尧帝都会感到为难了。知人是要有智慧的，要能够善于任用人。安抚老百姓给予恩惠，就会得到老百姓的爱戴。能够做到明智和有恩惠，尧帝何必担忧欢兜？何必流放三苗？又何必害怕那些花言巧语奴颜婢膝的奸佞之臣呢？”

皋陶曰："都！亦行有九德[1]。亦言其人有德，乃言曰，载采采[2]"

禹曰："何？"

皋陶曰："宽而栗[3]，柔而立[4]，愿而恭[5]，乱而敬[6]，扰而毅[7]，直而温[8]，简而廉[9]，刚而塞[10]，强而义[11]。彰厥有常[12]，吉哉！

"日宣三德[13]，夙夜浚明[14]，有家[15]；日严祗敬六德[16]，亮采[17]，有邦[18]。翕受敷施[19]，九德咸事[20]，俊乂在官[21]。百僚师师[22]，百工惟时[23]，抚于五辰[24]，庶绩其凝[25]。"

注释

①亦：考察，检验。行：德行。九德：九种品行。

②载：始。采采：做事，从事事业。

第一个采是动词，指从事；第二个采是名词，指事情。

③宽：宽大。栗：战栗，严肃恭谨。

④柔：指性情温和。立：独立，有自己的主见。

⑤愿：敦厚，老实。恭：庄重严肃。

⑥乱：治，指有治国的才干。敬：庄重，认真。

⑦扰：柔顺。毅：果断，刚毅。

⑧直：正直，耿直。温：温和，和蔼。

⑨简：简朴。廉：廉洁。⑩刚：刚正。塞：充实。

⑪强：强悍，不屈不挠。义：仁义。

⑫彰：彰明，表彰。厥：代词，指九德。常：经常。

⑬宣：宣示。三德：九德中的三种。

⑭夙夜：早晨和晚上。浚明：恭敬努力。

⑮家：这里指部族。

⑯严：严肃。祗 zhī：恭敬。

⑰亮：辅佐。采：事务。

⑱邦：邦国。

⑲翕 xī：聚集。敷：普遍。施：施行。

⑳咸：全部。事：从事。

㉑俊乂：指特别有才德的人。

㉒百僚：指百官。师师：互相学习和仿效。

㉓百工：百官。惟：想。时：同“善”。

㉔抚：顺从。五辰：指金、木、水、火、土五星。

㉕庶：众多。绩：功绩。凝：成功。

译文

皋陶说：“考察一个人的品行有九种美德。考察他的言论，如果此人有德，就告诉他，开始做事情吧。”

大禹问：“何为九德？”

皋陶说：“宽大而又谨慎细致；性情温和而又有独立见解；敦厚老实而又端庄严肃；富有才能却又恭敬而不骄傲；柔和温顺而又刚毅果断；耿直而又温和；为人简朴而又廉政；刚正而充实；强悍而又有道义。常常彰显和表彰这九种德行，就会吉利。

“每天都能彰显出九德中的三种德行，早晚都恭敬努力地去实践，就能拥有和掌管一个部族。每天都能恭敬严肃地实践九德中的六种德行以辅佐君王处理政务，就能拥有和掌管一个邦国。如果将这些德行聚合在一起广泛地去实践，即九德全部从事，那么有德和有才之人就都处于官位了。百官相互学习，一心想把事情做好，若再能顺应天时，那么众多事业都会取得成效。”

“无教逸欲[1]，有邦兢兢业业，一日二日万几[2]。无旷庶官[3]，天工[4]，人其代之。天叙有典[5]，勑我五典五惇哉[6]！天秩有礼[7]，自我五礼有庸哉[8]！同寅协恭和衷哉[9]！天命有德[10]，五服五章哉[11]！天讨有罪[12]，五刑五用哉[13]！政事懋哉懋哉[14]！

“天聪明[15]，自我民聪明。天明畏[16]，自我民明威。达于上下[17]，敬哉有土[18]！”

皋陶曰：“朕言惠可厎行[19]？”

禹曰：“俞！乃言厎可绩。”

皋陶曰：“予未有知，思曰赞赞襄哉[20]！”

注释

①无：通“毋”。不要。教：效仿。逸欲：安逸贪欲。

②一日二日：意思是指每天。几：通“机”。指事情。

③旷：空着，指虚设。庶官：众多官员。

④天工：上天的工作。

⑤叙：秩序。典：常法。

⑥勑 chì：命令，告诫。五典：即五种人伦关系，指父义、母慈、兄友、弟恭、子孝。惇：敦厚。

⑦秩：秩序，这里指规定等级次序。

⑧自：遵循。五礼：天子、诸侯、卿大夫、士、庶民五种礼节。庸：经常。

⑨寅：敬。协：和谐。衷：内心。

⑩命：赐命。

⑪五服：天子、诸侯、卿、大夫、士五种等级的礼服。

章：纹饰，图案。

⑫讨：惩罚。

⑬五刑：五种刑罚，即墨、劓 tì、剐、宫、大辟。

用：施行。

⑭懋 mào：好，美好。

⑮聪：听力好，指善于听取意见。

明：视力好，指善于观察问题。

⑯明：赏，表扬。畏：通“威”。指惩罚。

⑰达：通达。上下：上指天，下指人。

⑱有土：指保有国土的君王。

⑲惠：确实。底 zhǐ：做到，得到。

⑳赞赞：尽力、努力的样子。襄：辅助。

译文

“不要仿效别人安逸享乐和贪图私欲。掌管邦国要兢兢业业，每天有成千上万的事情需要处理，所以不要让那些官员形同虚设，而应各尽其责，上天的工作需要人代替它去完成。上天制定了秩序和法则，告诫我们要搞好父、母、兄、弟、子这五种伦理关系，并使这些关系变得敦厚！上天制定了尊卑高下的礼节，需要我们遵循从天子到庶民这五种等级关系，并使这五种关系成为常规！上至天子，下至庶民都要同心协力，相互尊敬，和衷共济！上天赐福给有德之人，以纹饰不同的五等礼服来彰显这五种等级！上天要惩罚有罪的人，用五种刑罚来实行！政务有条有理，很好啊！很好啊！

“老天善于听取意见和有敏锐的观察力，都是来自于我们人的善于听取和善于观察。上天的赏罚，都是来自于我们人的赏罚。上天与下人是相互通达的。要恭敬和谨慎啊，有疆土的君王们！”

皋陶说：“我的话的确可以得到实行吗？”

大禹说：“是啊！你的话可以实行，还会取得功绩。”

皋陶说：“我没有什么智慧，只想着能够天天尽力辅佐您。”

夏书

禹贡

题解

禹，即传说中的大禹。贡，献也，即向朝廷进贡方物和特产。

《禹贡》记载了大禹治水以后，依据山川、河流等地形特征划分九州的各自疆域，并依据各地的地形、土壤等不同情况确定其贡赋的标准。

禹别九州①，随山浚川②，任土作贡③。

注释

①别：区别，划分。九州：分别是冀州、兖州、青州、徐州、扬州、荆州、豫州、梁州、雍州。

②随山：指随山刊木，随着山势砍削树木作标记。

浚：疏通。川：河流。

③任土：根据土地的肥瘠程度。贡：下面向上面所进献的物品。

译文

大禹划分出九州各自的疆界，沿着山体的走势砍削树木作为标记，疏通河道，根据土地的肥瘠程度来确定各地所应承担的贡赋。

（以上是《禹贡》的序言）

禹敷土[①]，随山刊木，奠高山大川[②]。

冀州：既载壶口[③]，治梁及岐[④]。既修太原[⑤]，至于岳阳[⑥]。覃怀厎绩[⑦]，至于衡漳[⑧]。厥土惟白壤[⑨]，厥赋惟上上[⑩]，错[⑪]，厥田惟中中。

恒、卫既从[⑫]，大陆既作[⑬]。

岛夷皮服[⑭]，夹右碣石入于河[⑮]。

注释

①敷：分，划分。

②奠：定，奠定。

③既：已经。载：事，施工。

壶口：黄河瀑布，在今陕西宜川县东。

④梁：山名，即吕梁山。岐：山名，在今山西介休县。

⑤太原：今山西太原一带。

⑥岳阳：太岳山的南面。岳，指太岳山。

⑦覃怀：地名，在今孟津以东，河南武陟、沁阳一带。

厎：致，取得。绩：成功，功绩。

⑧衡漳：衡，通“横”。

漳，即漳水，因漳水东西走向，故称衡漳。

⑨厥：代指冀州。惟：是。壤：柔土。

⑩赋：赋税。

上上：古人区分等级的一种方式是用上、中、下的组合来划分出九个等级，即上上、上中、上下、中上、中中、中下、下上、下中、下下。 这里的上上即指第一等。

⑪错：杂，错杂。

⑫恒：滹水。卫：滹沱河。

从：顺从，这里指水顺着河道流淌很畅通。

⑬大陆：泽名，在今河北巨鹿县西北。作：耕作。

⑭岛夷：古代指东北夷，居住在渤海湾一带的海岛上。

皮服：以皮货作为贡物。

⑮夹：近，接近。碣石：山名，在今河北黎县北。

译文

大禹划分疆土，沿着山体的走势砍削树木作为标记，以高山与大河来确定各州的疆界。

冀州：黄河的壶口带治理好以后，又治理吕梁山和岐山。治理太原一带，一直延伸到太岳山的南面。覃怀一带的治理也取得了成效，一直到漳水。冀州这一带的土地是白色的和柔软的土，其赋税按第一等级征收，也夹杂其他等级，这里的土地等级为第五等。

恒水和卫水这两条河畅通以后，大陆泽变成了可以耕作的良田。

海岛上的夷人用皮货作为臣服的贡物来进贡，他们带着贡品在接近碣石的南边进入黄河。

济、河惟兖州[①]：九河既道[②]，雷夏既泽[③]，灉、沮会同[④]。桑土既蚕[⑤]，是降丘宅土[⑥]。厥土黑坟[⑦]，厥草惟繇[⑧]，厥木惟条[⑨]。厥土惟中下，厥赋贞[⑩]，作十有三载乃同[⑪]。厥贡漆丝[⑫]，厥篚织文[⑬]。浮于济、漯[⑭]，达于河。

注释

①济：水名。源出河南济源县，其故道过黄河而南流，又流向山东，与黄河平行入海。兖州：今河北、山东境内。

②九河：黄河流到兖州，分为九条支流。

道：同“导”。疏通的意思。

③雷夏：泽名，在今山东菏泽与郓城之间。

既泽：这里指成为沼泽的意思。

④灉 yōng：黄河的支流，今已不存在。

沮 jū：黄河的支流，今亦不存在。

会同：这里指汇合流入雷夏泽。

⑤桑土：指适合种植桑树的土地。蚕：养蚕。

⑥是：于是。降：下。宅：居。

⑦坟：这里指高低不平。⑧繇 yáo：茂盛。

⑨条：长，高。⑩贞：即“中”。

⑪十有三载：即十三载。乃同：才与其他几州相同。

⑫漆丝：漆和丝。

⑬篚 fěi：竹子制作的器皿。织文：文锦一类的丝织品。

⑭漯 tà：水名，黄河的支流。

译文

济水和黄河之间这一地区是兖州：

黄河的几条支流被疏通以后，雷夏成为了沼泽之地，水和沮水汇合流入雷夏泽。适合种植桑树的土地已经能够养蚕，人们于是从丘陵上下来，到平坦的地上居住。这一带土的颜色是黑的，而且多丘陵高岗，草木茂盛修长。这一带土地是第六等，赋税是第九等，耕作十三年才与其他几个州相同。这个地区进贡的物品是漆和丝。用竹制的筐装载丝织品，他们带着贡品乘船由济水和漯水到达黄河。

海、岱惟青州①：嵎夷既略②，潍、淄其道③。厥土白坟，海滨广斥④。厥田惟上下，厥赋中上。厥贡盐、絺⑤，海物惟错⑥。岱畎丝、枲、铅、松、怪石⑦。莱夷作牧⑧。厥篚檿丝⑨。浮于汶⑩，达于济。

注释

①海：指渤海。岱：泰山。青州：山东半岛。

②略：经略，治理。

③潍 wéi、淄 zī：二水名，向东流入大海，在今山东。

④斥：指盐碱。 ⑤絺 chī：细葛布。

⑥错：杂。

⑦畎 quǎn：山谷。枲 xǐ：麻。怪石：奇异之石。

⑧莱夷：莱山之夷，在今烟台地区。作：耕作。牧：放牧。

⑨檿 yǎn：山桑。

⑩汶：水名，其源头在今山东莱芜县。

译文

渤海和泰山之间这一地区是青州：

嵎夷被治理好之后，潍水和淄水就疏通了。这一地区土的颜色是白色的，而且多丘陵，滨海地区分布着大面积的盐碱。这一地区的土地是三等，赋税为四等。他们所进贡的物品是盐和细葛布，夹杂各种海产品。还有泰山山谷地区的丝、麻、铅、松木和奇异的石头。东莱一带可以耕作种植和放牧。用竹筐装载山桑蚕所吐之丝，作为进贡的贡品，他们带着贡品从汶水乘船进入济水。

海、岱及淮惟徐州[①]：

淮、沂其乂[②]，蒙、羽其艺[③]，大野既猪[④]，东原厎平[⑤]。厥土赤埴坟[⑥]，草木渐包[⑦]。厥田惟上中，厥赋中中。厥贡惟土五色[⑧]，羽畎夏翟[⑨]，峄阳孤桐[⑩]，泗滨浮磬[⑪]，淮夷蠙珠暨鱼[⑫]。厥篚玄纤缟[⑬]。浮于淮、泗，达于河。

注释

①海：指黄海。淮：淮河。

徐州：在今安徽北部和山东南部这一带。

②沂 yí：沂水，发源于山东沂水县。

③蒙：山名，在山东蒙阴县以南。

羽：羽山，在今山东临沂、郯城至江苏赣榆县。艺：种植。

④大野：泽名，在山东巨野县。猪：通“潴”。水停留。

⑤东原：地名，在今山东东平县。平：治理。

⑥埴 zhí：黏土。

⑦渐包：包，通“苞”；渐包，指逐渐生长丛生。

⑧土五色：五色土。

⑨羽：羽山。夏：大。

翟：山雉，是一种长尾野鸡，其羽毛可做装饰品。

⑩峄 yì：峄山，在今江苏邳县境。孤桐：特生的桐木。

⑪泗：水名，淮河支流，源出今山东泗水县。

浮磬：水中一种可以做磬的石头。

⑫淮夷：居住在淮河下游的少数民族。蠙珠：河蚌所产的珠。

⑬玄：黑色。纤：厚绢，绸子。缟：白绢。

译文

黄海以西，泰山以南，至淮河之间的地区为徐州：

淮河和沂水得以治理，蒙山沂山一带便可以种植庄稼，大野泽里的水聚集泽中而不再外流，东原地区的土地也得到了治理。这一地区的土是红色的黏土，多高丘，草木逐渐生长而繁茂。这里的土地是第二等，赋税是第五等。其进贡的物品是五色土、羽山山谷中的大野鸡、峄山南面独生的桐木，以及泗水岸边露出水面的那些可以作磬的石头。淮河边上的人还进贡珍珠和鱼。他们用竹筐装载黑色的绸子和白绢，他们带着这些贡品从淮河、泗水乘船到达黄河。

淮、海惟扬州[1]：

彭蠡既猪[2]，阳鸟攸居[3]。三江既入[4]，震泽厎定[5]。篠簜既敷[6]，厥草惟夭[7]，厥木惟乔[8]。厥土惟涂泥[9]，厥田惟下下，厥赋下上，上错。厥贡惟金三品[10]，瑶、琨、篠、簜、齿、革、羽、毛惟木[11]。岛夷卉服[12]。厥篚织贝[13]，厥包桔、柚[14]，锡贡[15]。沿于江、海，达于淮、泗。

注释

①海：指东海。

②彭蠡：泽名，相当于今天的湖北广济、黄梅和安徽的宿松、安庆一带的滨江诸湖泊。猪：通“潴”。

③阳鸟：大雁之类的鸟。攸：用以，用来。

④三江：娄江、吴淞江、东江。入：入海。

⑤震泽：江苏太湖。厎定：得到安定。

⑥篠 xiǎo：小竹。簜 dàng：大竹。敷：布。

⑦夭：茂盛。

⑧乔：高大。

⑨涂泥：潮湿柔软的泥土。

⑩金三品：指金、银、铜这三种品第的金属。

⑪瑶：美玉。琨：美石。齿：象牙。革：犀牛皮。
羽：翠鸟的羽毛。毛：旄牛尾。
惟：与，和。《经传释词》：“惟，犹与也，及也。”

⑫岛夷：沿海各岛屿上的人。卉服：蓑衣。

⑬织贝：用线串联起来，织成片的海贝。

⑭包：包裹。

⑮锡贡：锡，通“赐”；锡贡指主动自愿地进贡。

译文

淮河与东海之间是扬州：

彭蠡泽里的水停止外流而聚集很深，大雁之类的候鸟栖息在其中的岛屿上。三江之水流入大海，太湖也就安定了。大大小小的竹子遍布这一地区，这里草木茂盛，树木高大。这一带的土是潮湿的泥土，土地是第九等，赋税是第七等，夹杂着第六等。贡品为金、银、铜这三种金属，美玉、美石、小竹、大竹、象牙、犀牛皮、翠鸟的羽毛、牦牛尾以及木材。沿海岛屿上的人以草编的蓑衣为贡品。用竹筐装载着线串织起来的海贝，用包裹着的桔子和柚子，自愿进贡。他们带着这些贡品沿着长江、东海，进入淮河、泗水。

荆及衡阳惟荆州[①]：

江、汉朝宗于海[②]，九江孔殷[③]，沱、潜既道[④]，云土梦作乂[⑤]。厥土惟涂泥，厥田惟下中，厥赋上下。厥贡羽、毛、齿、革惟金三品，杶、榦、栝、柏[⑥]，砺、砥、砮、丹，惟箘簵、楛[⑦]，三邦厎贡厥名[⑧]。包匦菁茅[⑨]，厥篚玄纁玑组[⑩]，九江纳锡大龟[⑪]。浮于江、沱、潜、汉，逾于洛[⑫]，至于南河[⑬]。

注释

①荆：山名，在今湖北南漳县。衡阳：衡山的南面。

②江：长江。汉：汉水。

朝宗：指奔流，这里指长江和汉水向大海奔流。

③九江：长江中下游的众多支流。孔：很。殷：多。

④沱、潜：即沱水和潜水，都是长江的支流。

⑤云土梦：地名，即云梦。作：指耕种。

⑥杶 chūn：香椿树。

榦 gàn：柘木，可做弓。栝 guō：桧树。

⑦箘簬 jùn lù：两种竹子，可做箭杆。楛 hù：木名，可做箭杆。

⑧三邦：这里指云梦地区的三个邦国。名：名产。

⑨包：包裹。匦 guǐ：匣子。菁茅：用以滤酒的一种草。

⑩玄：黑色。纁 xūn：浅红色。

玑组：指珍珠串。玑，不圆的珍珠。组，丝带。

⑪纳：入。

⑫逾：越。

⑬南河：大概指三门峡至开封之间的黄河。

译文

荆山与衡山的南面之间的地带是荆州：

长江和汉水奔向大海，九江地区水势庞大，沱水和潜水被疏通以后，云梦地区的土地得以治理和耕作。这一带多潮湿柔软的泥地，土地是第八等，赋税是第三等。他们进贡的物品是羽毛、旄牛尾、象牙、犀牛皮，金、银、铜这三种金属，椿木、柘木、桧木、柏木、磨刀石、石镞、朱砂、箘竹、楛条。云梦地区的三个邦国进贡了他们的名产：包装好的菁茅，以及装在竹筐里的由黑色和浅红色丝带串连而成的珍珠带。九江地区主动进贡大龟。他们带着贡品乘船经过长江、沱水、潜水和汉水，然后经陆路到达洛水，再由洛水到达黄河。

荆、河惟豫州：

伊、洛、瀍、涧既入于河[①]，荥波既猪[②]。导菏泽[③]，被孟猪[④]。厥土惟壤[⑤]，下土坟垆[⑥]。厥田惟中上，厥赋错上中。厥贡漆、枲、絺、纻[⑦]，厥篚纤、纩[⑧]，锡贡磬错[⑨]。浮于洛，达于河。

注释

①伊、洛、瀍 chàn、涧：皆水名，都流入洛水，都在今河南省境内。

②荥波：古泽名，在今河南荥阳县境。

③导：疏通。菏泽：古泽名，在今山东定陶县。

④被：通“陂”。指筑堤坊。

孟猪：古泽名，在今河南商丘东北。

⑤壤：柔软的细土。⑥垆：硬土。

⑦枲：麻。絺：细葛布。纻：麻布。

⑧纩 kuàng：细棉絮。

⑨磬错：用于磨治石磬的石头。

译文

荆山和黄河之间是豫州：

伊水、洛水、瀍水、涧水都流入黄河，荥波泽里的水聚集于内而不外流。又疏通了菏泽，并在孟猪修筑堤防。这一地区的土大多是柔软的细土，差一些的土地是坚硬的土丘。这一带的土地属于第四等，赋税是第二等并夹杂着第一等。所要进贡的物品是漆、麻、细葛布、麻布，用竹筐装载绸子和细棉絮，还主动进贡用于打磨石磬的错。他们带着这些贡品乘船从洛水到达黄河。

华阳、黑水惟梁州[①]：

岷、嶓既艺[②]，沱、潜既道。蔡、蒙旅平[③]，和夷底绩[④]。厥土青黎[⑤]，厥田惟下上，厥赋下中、三错[⑥]。厥贡璆、铁、银、镂、砮、磬、熊、罴、狐、狸、织皮[⑦]。西倾因桓是来[⑧]。浮于潜[⑨]，逾于沔[⑩]，入于渭，乱于河[⑪]。

注释

①华：华山，五岳之一，在今陕西华阴县境内。

黑水：众说不一，一般认为是今天的金沙江。

②岷：岷山，在四川北部。

嶓：嶓冢山，在今陕西宁强县西北。艺：种植。

③蔡：山名，峨嵋山。蒙：山名，在今四川雅安北。

旅：道路。平：修整。

④和 yuán：《水经·桓水注》引郑康成曰："和夷，水上夷所居之地也。和读曰桓。"

⑤青：青黑。黎：疏松。⑥三错：兼杂上下。

⑦璆 qiú：美玉。镂：一种坚硬的铁器，可以用于镂刻器物。

织皮：一种毛织物，毡毯之类。

⑧西倾：山名，在甘肃、青海交界处。

桓：桓水，即今天的白龙江。

⑨潜：水名，嘉陵江的支流，源头在陕西勉县和四川广元县之间。

⑩沔：水名，位于汉水的上游。⑪乱：横渡。

译文

华山以南至金沙江之间是梁州：

岷山和嶓冢山已经治理好了，于是沱水和潜水也疏导通畅了。蔡山和蒙山的道路修整好了，和水地区的治理取得了很大的成绩。这一地区的土是青黑色的，土质疏松，田地是第三等，赋税是第八等，同时夹杂第七和第九等。这一地区进贡的物品是美玉、铁、银、镂器、石镞、石磬、熊、罴、狐狸、山猫、毛织品。进贡物品是从西倾山出发，乘船沿着桓水而来，经潜水之后再经陆路，进入沔水，然后进入渭水，最后横渡渭水进入黄河。

黑水、西河惟雍州①：

弱水既西②，泾属渭汭③，漆沮既从④，沣水攸同⑤。荆、岐既旅⑥，终南、惇物⑦，至于鸟鼠⑧。原隰底绩⑨，至于猪野⑩。三危既宅⑪，三苗丕叙⑫。厥土惟黄壤，厥田惟上上，厥赋中下。厥贡惟球、琳、琅玕⑬。浮于积石⑭，至于龙门、西河⑮，会于渭汭。织皮昆仑、析支、渠搜⑯，西戎即叙⑰。

注释

①西河：山西河曲以南至陕西潼关以北的这一段黄河。

②弱水：张掖河，西北流入居延河。

③泾、渭：水名，位于陕西，泾水是渭水的支流，渭水是黄河的支流。属：注入。汭：河流汇合处的北边。

④漆沮：即洛河，由今天的陕北向南流入黄河。从：顺。

⑤沣水：渭河支流。攸：用，以。同：汇合。

⑥荆：荆山，在今陕西富平境内。

岐：岐山，在陕西岐山县东北。旅：道路，道路被治理通畅。

⑦终南：秦岭的主峰，今称太白山，地处陕西眉县。

惇物：秦岭的一座山峰，地处陕西太白境内。

⑧鸟鼠：山名，在今甘肃官堡县西南。

⑨原：高地。隰 xì：低地。

⑩猪野：泽名，在今甘肃武威县东北。

⑪三危：山名，在今甘肃敦煌南。

⑫三苗：《史记·五帝本纪》说："舜迁三苗于三危。"这里指三苗的后裔。丕：大，很。叙：顺。

⑬球：美玉。琳：也是美玉。琅玕 lánggàn：圆形玉石。

⑭积石：山名，在今青海西宁西南，这里是指流经积石山下的黄河。

⑮龙门：山名，陕西韩城县东北，黄河穿流而过，相传是大禹所凿。⑯析支：山名，青海西宁西南。渠搜：山名。

⑰西戎：古代我国西北部民族的总称。即：就。

译文

黑水和西河之间的这一地区是雍州：

弱水被疏导，使之向西流。又使泾水从渭河北岸注入渭河，洛河也畅通了，沣水向北流入了渭河。荆山和岐山的道路得到整治，终南和惇物这两座山一直到鸟鼠山都被治理通畅了。高原和低地乃至猪野泽的治理，也取得了成绩。三危这个地方可以居住了，三苗的后裔族人也都非常驯顺。这一地区的土是细软的黄土，田地是第一等，赋税为第六等。这里要进贡的物品是球、琳、琅玕等各种美玉和宝石，他们带着贡品在积石山下的黄河乘船，顺着黄河到达龙门和西河，在黄河与渭河交汇之处与逆渭河而上的船只会合。昆仑、析支、渠搜之地的人还进贡毛皮织物。整个西戎地区都安定顺服了。

导岍及岐①，至于荆山②，逾于河。壶口、雷首至于太岳③。厎柱、析城至于王屋④。太行、恒山至于碣石⑤，入于海。

西倾、朱圉、鸟鼠至于太华⑥。熊耳、外方、桐柏至于陪尾⑦。

导嶓冢至于荆山⑧。内方至于大别⑨。岷山之阳至于衡山，过九江至于敷浅原⑩。

注释

①导：通导，开通道路。岍 qiān：山名，位于关中的西部。

②荆山：在今陕西富平。

③壶口：山名，黄河东岸，龙门山以西。雷首：山名，即中条山。太岳：即今之太岳山脉。

④厎柱：即砥柱山，在今河南三门峡附近。析城：山名，在今山西阳城县。王屋：山名，在今河南济源县西。

⑤太行：山名，在今山西、河南、河北三省交界处。
恒山：在今河北曲阳县，即北岳恒山。
碣石：山名，在今河北昌黎县西北。

⑥朱圉 yǔ：山名，甘肃甘谷县境内。太华：西岳华山。

⑦熊耳：山名，河南卢氏县。外方：中岳嵩山，河南登封县。桐柏：山名，在今河南桐柏县。陪尾：山名，湖北安陆县。

⑧嶓 bō 冢：山名，陕西勉县、宁强县境。

荆山：南条荆山，今湖北南漳县西南。

⑨内方：山名，章山，湖北钟祥县西南。大别：即大别山。

⑩九江：洞庭湖等广大地区。敷浅原：江西庐山东麓地区。

译文

疏导岍山和岐山之间的道路，一直到荆山。渡过黄河，从壶口到雷首，再到太岳山。沿着砥柱山、析城山可以到达王屋山。从太行山经过恒山到达碣石山，再向前就是渤海了。

从西倾山、朱圉山以及鸟鼠山可以开通到华山。从熊耳山、外方山和桐柏山可以到达陪尾山。

从嶓冢山疏通至荆山，从内方通至大别山，岷山南面到衡山，从九江开通至庐山南麓。

导弱水至于合黎①，余波入于流沙②。

导黑水至于三危，入于南海。

导河、积石，至于龙门；南至于华阴③；东至于底柱；又东至于孟津④；东过洛汭，至于大伾⑤；北过降水⑥，至于大陆；又北，播为九河⑦，同为逆河⑧，入于海。

嶓冢导漾⑨，东流为汉；又东，为沧浪之水⑩；过三澨⑪，至于大别，南入于江。东，汇泽为彭蠡；东，为北江⑫，入于海。

岷山导江，东别为沱⑬；又东至于澧；过九江，至于东陵⑭；东迤北⑮，会于汇；东为中江⑯，入于海。

导沇水⑰，东流为济，入于河，溢为荥⑱；东出于陶丘北[19]，又东至于菏；又东北，会于汶；又北，东入于海。

导淮自桐柏，东会于泗、沂，东入于海。

导渭自鸟鼠同穴[20]，东会于沣，又东会于泾；又东过漆沮，入于河。

导洛自熊耳，东北，会于涧、瀍；又东，会于伊；又东北，入于河。

注释

①导：疏导。合黎：山名，在今内蒙古巴丹吉林沙漠以南。

②余波：下游。流沙：指甘肃居延泽一带的沙漠。

③华阴：华山的北面。

④孟津：黄河渡口，在今河南洛阳北。

⑤大伾 pī：山名，在今河南浚县。

⑥降水：漳河的别称。

⑦播：分布。九河：指兖州之九河。

⑧同：汇合到一起。

⑨漾：汉水上游。⑩沧浪：即汉水。

⑪三澨 shì：水名，即旬澨、雍澨、蘧澨。其地在今湖北襄阳府宜城县北。

⑫北江：即汉水。⑬沱：长江的支流。

⑭东陵：汉代卢江郡金兰县西北的东陵乡。

⑮迤 yǐ：水斜流。⑯中江：指岷江。

⑰沇 yǎn：水名。济水上流。

⑱溢：水动荡奔突而出。荥：荥泽，汉代已成平地。

⑲陶丘：在今山东定陶县。

⑳鸟鼠同穴：山名，即鸟鼠山。

译文

把弱水引导到合黎山下，下游流进了沙漠。

把黑水引导到三危山，使其向南流入南海。

从积石山下的黄河开始疏通，一直到达龙门；再向南逆导渭河的水到华山的北面；向东到达厎柱山；再向东到达孟津。经过洛水和黄河的交叉口，到达大伾山下；然后向北通过漳河，到达冀中平原地区；再向北，分成许多支流，在即将入海的地方又汇聚成一条河而流入大海。

把嶓冢山下的漾水向东引导，使其成为汉水；再向东，就是沧浪水；经过三澨水，就到了大别山下；然后向南流入长江。继续向东，汇集成彭蠡泽；最后东流入大海。

从岷山下开始引导长江水，向东分支出沱水；再向东，到达澧水；然后，经过九江，到达东陵；继续向东北延伸，流入淮河；再向东就是中江，最后流入大海。

引导沇水东流，成为济水，流入黄河；漫溢出的黄河水形成了荥泽；荥泽之水向东流到定陶，又从定陶的东面流出，并向北继续流；又向东，到达菏泽，再向东北汇入汶水；再向北，又向东流入大海。

从桐柏山下引导淮河之水，使其向东与泗水、沂水汇合，然后东流至大海。

从鸟鼠山下引导渭水，使其向东与沣水汇合；再向东，与泾水汇合；再向东，经过漆沮，流入黄河。

在熊耳山下引导洛河水，使其流向东北方向，与涧水、瀍水汇合；再向东流，与伊水汇合；再转向东北，流入黄河。

九州攸同[①]，四隩既宅[②]，九山刊旅[③]，九川涤源[④]，九泽既陂[⑤]，四海会同[⑥]。六府孔修[⑦]，庶土交正[⑧]，厎慎财赋[⑨]，咸则三壤[⑩]。成赋中邦[⑪]。锡土姓，祗台德先[⑫]，不距朕行[⑬]。

注释

①攸：语气助词，无义。同：统一。

②四隩：四方可以定居的地方。

③九山：上文提到的九条山脉。

刊：砍削树木做标记。

④九川：上文提到的九条河流。

涤源：从源头开始疏通，这里指彻底得到疏通。

⑤九泽：上文提到的九个湖泽。陂：修筑堤坊。

⑥四海：指天下。会同：指四海之内形成一个相互联系的交通网，通达八方。

⑦六府：水、火、金、木、土、谷。

孔：很，甚。修：整治。

⑧交：全，俱。正：通“征”。

⑨厎：规定。

⑩则：准则。三壤：泛指各个等级的土壤。成：定。

⑪中邦：中央之国。

⑫祗：敬。台：《尚书正义》曰：“台，我。”

⑬距：违背。

译文

九州得到统一了，四方之内凡是适宜居住的地方现在都可以居住了。九条山脉之间的道路都开通了，九条河流也都得到了彻底的疏通。九个湖泽都修筑了堤防，四海之内相互通畅，交通便利。水、火、金、木、土、谷都得到了很好的治理，各地都开始征收赋税。要慎重制定所征收赋税的标准，要按各地土地的等级确定赋税的多少。天子以土地之名赐姓氏，都是以德行为先决条件的，任何人都不能违背我的命令。

五百里甸服①。百里赋纳总②，二百里纳铚③，三百里纳秸服④，四百里粟，五百里米。

五百里侯服⑤。百里采⑥，二百里男邦⑦，三百里诸侯⑧。

五百里绥服⑨。三百里揆文教⑩，二百里奋武卫⑪。

五百里要服⑫。三百里夷⑬，二百里蔡⑭。

五百里荒服⑮。三百里蛮⑯，二百里流⑰。

东渐于海⑱，西被于流沙⑲，朔南暨声教⑳，讫于四海㉑。禹锡玄圭㉒，告厥成功。

注释

①甸服：甸，本义是王田，王的田地。

甸服是指在王田里为王耕作，并缴纳谷物。

②纳：交纳。总：指连带秸秆和穗子的禾。

③铚 zhì：收割谷子的镰刀，这里是指谷穗。

④秸服：谷物的秸秆。

⑤侯服：侯，候命。侯服泛指等候服侍天子的人。

⑥采：事，指替天子服差役。

⑦男邦：男，任。男邦，担任差事。

⑧诸侯：诸多负责警卫的人

⑨绥服：绥，安抚。绥服是指替天子做安抚的事。

⑩揆：度，量。

⑪奋武卫：奋扬武威保卫王者。

⑫要服：要，约。接受王者约束而服事之，称要服。

⑬夷：平，指和平相处。

⑭蔡：刑杀。

⑮荒服：荒，荒远之地。替天子守边叫荒服。

⑯蛮：办事简慢。

⑰流：听其自然，无所谓进贡与不进贡。

⑱渐：入。

⑲被：及，到。

⑳朔：北方。暨：指尽头。

㉑声教讫于四海：指天子的声教传遍天下。

㉒玄圭：黑色的瑞玉，上圆下方。

译文

距离王城五百里之内的范围是甸服，其中一百里范围内的人连同秸秆、谷穗一起缴纳，二百里之内缴纳谷穗，三百里之内的缴纳谷的秸秆，四百里之内的缴纳谷子；五百里之内缴纳精米。

在甸服之外再延伸五百里是侯服，其中第一百里之内缴纳赋税，第二个百里内的为王服杂役，剩下三百里之内的为王担任警卫。

在侯服之外再延伸五百里是绥服，其中较近的三百里内是为王巡抚推行文教的，较远的那二百里之内是为王奋扬武威的。

绥服之外再延伸五百里是要服，其中较近的三百里要和平相处，较远的那二百里范围内可以施以刑罚。

要服之外再延伸五百里就是荒服，较近的三百里之内允许他们行事散漫，较远的那二百里范围内可以放任自流。

东到大海，西到大漠，北到北极，南到最南边，王的声教传遍天下。大禹赐给各地诸侯黑色的美玉，把自己的成功告诉他们。

甘 誓

题解

甘，是地名。誓，在古代战争打响之前，大都会做一些动员令，即誓词。大禹把帝位传给了自己的儿子启，这引起了有扈氏的不服。于是启率军讨伐有扈氏，在甘这个地方发生大战。《甘誓》就是帝启在甘之战之前的誓师之辞。本篇在今、古文《尚书》中皆有。

启与有扈战于甘之野①，作《甘誓》。

注释

①启：人名，大禹的儿子。有扈：部落名，即有扈氏。甘：地名，在今洛阳南。野：郊外。

译文

启和有扈氏在甘的郊外发生战争，史官记载帝启当时誓师的言辞，作了《甘誓》。

（以上是《甘誓》的序言）

大战于甘，乃召六卿[①]。王曰：“嗟！六事之人[②]，予誓告汝：有扈氏威侮五行[③]，怠弃三正[④]，天用剿绝其命[⑤]，今予惟恭行天之罚。”

注释

①六卿：天子有六支军队，这里的六卿就是指统领天子六支军队的六个将领。

②六事：六军的主事，指六卿。

③威侮：威，轻视。侮，轻慢。

五行：指金、木、水、火、土。

④怠弃：懈怠和抛弃。三正：指天正、地正、人正。

⑤用：因此。

译文

即将在甘这个地方发生一场大战，天子启在战前召见了六军的首领。天子启对他们说：“啊！你们这些主持六军事务的人，我要把我的誓词告诉你们：有扈氏轻视五行，怠慢和抛弃三正，因此上天命我来断绝他的国运，现在我要恭敬谨慎地执行上天对他的惩罚。”

“左不攻于左[①]，汝不恭命[②]；右不攻于右，汝不恭命；御非其马之正[③]，汝不恭命。用命，赏于祖[④]；弗用命，戮于社[⑤]，予则孥戮汝[⑥]。”

注释

①左：指车左。古代战车上，站左边的士兵持弓箭，站右边的持长矛和戟，即下文的车右。

②恭：恭敬，认真。命：命令。

③御：位于战车中间负责驾驭马车的士兵。

正：这里是指驾驭得当。

④祖：先祖的牌位。

⑤社：社神的牌位。

⑥孥：通“奴”。指把他们视为奴隶。

译文

“如果左边的士兵不尽力进攻左边的敌人，就是你们不遵守我的命令；如果右边的士兵不尽力进攻右边的敌人，就是你们不遵守我的命令；驾驭战车的人如果不能驾驭得当，就是你们不遵守我的命令。如果执行我的命令，我将在先祖的牌位前面赏赐你们；不执行我的命令；我就在社神牌位前面将你们当成奴隶一样杀掉。”

汤 誓

题解

汤，即殷商开国之王成汤。誓，即誓师之辞。《汤誓》是成汤在讨伐夏桀的鸣条之战前的誓师辞。在今、古文《尚书》中皆有此篇。

伊尹相汤伐桀①，升自陑②，遂与桀战于鸣条之野③，作《汤誓》。

注释

①伊尹：商汤的大臣。相：辅佐。桀：夏桀，夏代最后一代君主。

②升：从低往高。陑 ér：地名，在今陕西潼关附近。

③鸣条：地名，具体位置不详，有说在河南，有说在山西。

译文

伊尹辅佐商汤去讨伐夏桀，从陑地北上，于是和夏桀大战于鸣条的郊外。战前，史官记载了商汤的誓师之辞，作《汤誓》。

（以上是《汤誓》的序言）

王曰："格尔众庶[1]，悉听朕言：非台小子[2]，敢行称乱[3]！有夏多罪[4]，天命殛之[5]。今尔有众，汝曰：'我后不恤我众[6]，舍我穑事[7]，而割正夏[8]。'予惟闻汝众言。夏氏有罪，予畏上帝，不敢不正。今汝其曰：'夏罪其如台[9]？'夏王率遏众力[10]，率割夏邑[11]。有众率怠弗协，曰：'时日曷丧[12]？予及汝皆亡。'夏德若兹[13]，今朕必往。"

注释

①格：来。

②台 yí：予，我。

③称：发动，挑起。

④有夏：夏王朝，这里是专指夏桀。有，名词词头，无义。

⑤殛 jí：诛杀。

⑥后：君王。恤：体恤。

⑦穑事：农事。

⑧割正：即虐政。正，政也。

⑨如台 yí：如何。

⑩率：语气助词，无义。遏：通"竭"。竭尽。

⑪割：剥削。

⑫时：同"是"。曷：什么时候。

⑬兹：这样。

译文

商汤说："过来吧！你们这些人，都听我说：不是小子我敢挑起叛乱，而是夏桀的罪恶太多，上天命令我来诛杀他。现在你们这些人会说：'我们的大王不体恤我们，舍弃我们的农事，却施割剥之政。'我听到你们这些人的话了。但是夏桀有罪，我出于对天帝的敬畏，而不敢不去征伐啊！现在你们可能会问：'夏桀有什么罪啊？'夏桀他耗尽了民力，剥削夏朝百姓。百姓懈怠，与他不和，百姓们说：'那个太阳什么时候消失呢？我愿和他一起灭亡。'夏桀的德行就是这样坏啊，现在我一定要去征讨他。"

"尔尚辅予一人①，致天之罚，予其大赉汝②！尔无不信③，朕不食言。尔不从誓言，予则孥戮汝④，罔有攸赦⑤。"

注释

①尚：希望。②赉 lài：赏赐。

③无：通"毋"。不要。④孥戮：当成奴隶一样杀掉。

⑤罔：无，没有。攸：所。

译文

"希望你们辅佐我，来完成上天对夏桀的惩罚，我将会大大地奖赏你们。你们不要不相信，我不会食言的。你们要是不遵守今天的誓言，我将把你们当成奴隶一样杀掉，不会有有任何赦免。"

商书

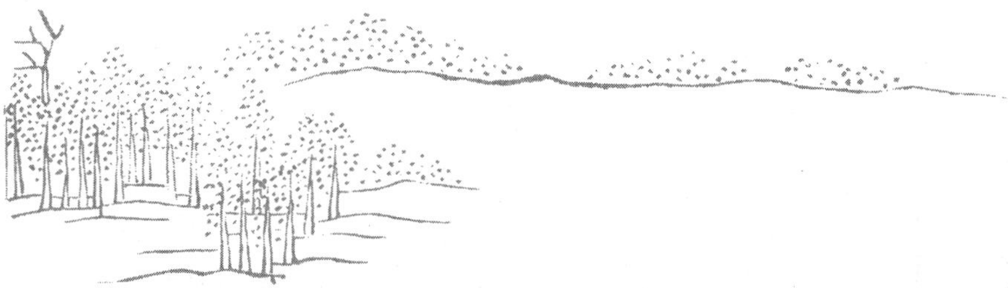

盘　庚

题解

殷商到了盘庚时期，民生凋敝，社会矛盾激化，自然环境恶化，水灾频发。为了摆脱这些困境，商王盘庚决定迁都，以振兴殷商，但却遭到了旧贵族和保守大臣的强烈反对。盘庚于是召集臣民并对他们进行教导和训示。《盘庚》共三篇，主要是记载盘庚在迁都前后对其臣民所作的告谕，具有较高的史料价值。这三篇在今、古文《尚书》中皆有。

上

盘庚五迁①，将治亳殷②，民咨胥怨③，作《盘庚》三篇。

注释

①盘庚：第二十代商王。五迁：第五次迁都。

②治：营建。亳殷：即今河南安阳。

③咨：指叹息。胥：相。

译文

盘庚第五次迁都，将要在殷地营建都城，老百姓都咨嗟忧愁，相与抱怨，史官记载了这些事情，作《盘庚》三篇。

（以上是《盘庚》的序言）

盘庚迁于殷。民不适有居[1]，率吁众戚出[2]，矢言[3]。曰："我王来[4]，既爰宅于兹[5]，重我民[6]，无尽刘[7]。不能胥匡以生[8]，卜稽[9]，曰其如台[10]？先王有服[11]，恪谨天命[12]，兹犹不常宁[13]。不常厥邑，于今五邦[14]！今不承于古，罔知天之断命[15]，矧曰其克从先王之烈[16]？若颠木之有由蘖[17]，天其永我命于兹新邑[18]，绍复先王之大业[19]，底绥四方[20]。"

注释

①适：去。有居：指新迁居的地方。

②率：领。吁：和谐。

③矢言：立誓言。

④我王：指盘庚。

⑤爰：改换，迁移。宅：居。兹：这里，指殷。

⑥重：重视，爱护。

⑦刘：杀，伤害。这里是指遭受洪水的伤害。

⑧胥：相互。匡：救助。

⑨卜：占卜。稽：考。

⑩曰：句首语气助词。其：将。

⑪服：服事。

⑫恪谨：恭敬而又谨慎。

⑬犹：尚且。

⑭邦：邦国，这里是指都城。

⑮罔：不。

⑯矧 shěn：何况，更别提。

烈：通“业”。事业。

⑰颠木：指倒下的树木。

蘖 niè：草木发出的新芽。

⑱新邑：新的都邑，指殷。

⑲绍：继续。复：复兴。

⑳厎：定。绥：安。

译文

盘庚迁都到了殷，老百姓不愿意到这里居住，于是盘庚带领那些贵戚大臣们向臣民传达自己的意见，就立下了誓词。他们说道：“我们大王迁到这里，我们也已经迁居到这里，这是大王爱护和重视我们老百姓啊，使我们不再遭受洪水的伤害。我们不能相互救助存活下去，而只是占卜稽考，那又能怎么样呢？先王有事，都能恭敬而谨慎地遵循天命，这样做尚且不能实现长治久安。我们不能长久地居住在一个都邑，到现在，已经迁移过五个都城了！现如今，不能继承先王顺应天命的传统，不知道上天所定下的国运，还怎么谈得上去继续先王的丰功伟业？这好比枯倒的树木还能长出新芽，上天将永远赋国运于这个新的都邑，使我们继续复兴先王的丰功伟业，安定天下。”

盘庚敩于民[①]，由乃在位以常旧服、正法度[②]。曰："无或敢伏小人之攸箴[③]！"王命众悉至于廷。

注释

①敩 xiào：教。②由：犹，还。乃：你们。在位：指上文提及的贵戚大臣。常旧服：是指使旧制成为经常，即要一直遵守旧制。正法度：指匡正法度。

③或：谁。伏：凭借。攸：所。箴：规劝。

译文

盘庚教导老百姓，还教导亲近大臣们要恪守旧的制度，匡正法规和制度。他说："不许有人以小人的见识来规劝我！"商王盘庚命令众多大臣都到朝廷的朝堂里。

王若曰[①]："格汝众[②]，予告汝训汝。猷黜乃心[③]，无傲从康[④]。古我先王，亦惟图任旧人共政[⑤]。王播告之修[⑥]，不匿厥指[⑦]，王用丕钦[⑧]。罔有逸言[⑨]，民用丕变[⑩]。今汝聒聒[⑪]，起信险肤[⑫]，予弗知乃所讼[⑬]。

"非予自荒兹德[⑭]，惟汝含德[⑮]，不惕予一人[⑯]。予若观火，予亦拙谋作[⑰]，乃逸[⑱]。若网在纲[⑲]，有条而不紊[⑳]；若农服田[㉑]，力穑乃亦有秋[㉒]。汝克黜乃心[㉓]，施实德于民[㉔]，至于婚友[㉕]，丕乃敢大言汝有积德[㉖]。乃不畏戎毒于远迩[㉗]，惰农自安，不昏作劳[㉘]，不服田亩，越其罔有黍稷[㉙]。

“汝不和吉言于百姓[30]，惟汝自生毒[31]，乃败祸奸宄[32]，以自灾于厥身。乃既先恶于民，乃奉其恫[33]，汝悔身何及？相时憸民[34]，犹胥顾于箴言[35]，其发有逸口[36]，矧予制乃短长之命[37]？汝曷弗告朕[38]，而胥动以浮言[39]，恐沈于众[40]？若火之燎于原，不可向迩，其犹可扑灭？则惟汝众自作弗靖[41]，非予有咎。”

注释

①若：如此，如是。

②格：来，表示召唤的语气。众：群臣

③猷 yóu：应当。黜：清除。乃：你们。

心：根据下文是指傲慢与追求安逸之心。

④无：不要。傲：傲慢。

从康：从，同“纵”。放纵的意思。康，安逸。

⑤旧人：长期在位的老臣。

⑥播：宣布。修：做，施行。

⑦匿：隐瞒。指：同“旨”。旨意。

⑧丕：大。钦：恭敬。

⑨逸言：逸，过。逸言是指说一些出格的话。

⑩民用：这里指民风。

⑪聒聒 guō：大声争辩的样子。

这里指争论之声嘈杂且显得无知。

⑫起信：指相信。险：险恶。肤：肤浅。

⑬讼：指争讼，争辩。

⑭荒：荒废。兹德：代指任用旧人的美德。

⑮含：怀。

⑯惕：畏惧。

⑰拙：笨拙，不善于做某事。谋作：谋略。
⑱乃：则。逸：安逸和放纵。
⑲纲：网的总绳，比喻纲领。
⑳紊：乱。
㉑服：治。
㉒穑 sè：收获。秋：收成。
㉓克：能够。
㉔实德：犹指实惠。
㉕婚：姻亲，亲戚。
㉖丕乃：于是，就。
㉗乃：若，如果。戎毒：戎，大。毒，灾害。
远迩：远近，这里指眼前和将来。
㉘昏：加强，这里指努力。
㉙越：于是。
㉚和：俞樾先生认为当读“宣”，宣扬。
㉛毒：祸害。
㉜败：失败。祸：灾祸。宄 guǐ：坏人。
㉝奉：承受。恫 tōng：痛苦。
㉞相：看。时：同“是”。代指这些人。憸 xiān 民：小民。
㉟胥：相。箴言：规劝的话。
㊱发：发言。逸口：说越轨的话。
㊲制：掌握。短长之命：生杀大权。
㊳曷：为何。
㊴浮言：不实际的言论。
㊵恐：恐吓。沈：蛊惑。
㊶靖：安定。

译文

王是这样说的："来，你们这些大臣们，我要告诫和训导你们。你们要想着降低自己的心态，不要傲慢和放纵自己去追求安逸的生活。以前我的先王，也是考虑任用那些老臣与他共同治理朝政。先王宣布要去做的事情，他们不敢隐匿这个旨意，因此先王很尊重他们。他们没有说过越轨的话语，于是民风大变。现如今，你们在那里吵吵嚷嚷，相信那些险恶和肤浅的话，我不知道你们在争辩什么！

"不是我要废弃这种任用旧臣的美德，而是你们把德行隐藏起来，不愿意献给我。我看得很清楚，也是我不善于谋略，你们才如此安逸和放纵。就像渔网系在纲绳上，才能有条理而不紊乱；就像农民在田地里耕作，只有努力才能有好的收成。你们如果能降低你们那贪图安逸的心态，给百姓一些实际的好处，并恩泽亲戚和朋友，那样才能大声说你们是积了德的。如若你们不担忧眼前或将来随时会发生大灾害，就像懒惰的农民自我安逸，不努力劳作，不从事田间劳动，也就不会收获黍、稷等粮食的。

"你们不向老百姓散布美好吉祥的言论，就是自己在给自己制造毒害，败坏政务，祸害国家，作恶生乱，都会给自己带来灾祸。若先对老百姓作恶事，就要承受作恶所带来的痛苦，你们怎么来得及后悔？看看那些普通小民吧，他们尚且能以箴言相互规劝对方，他们张口说话时知道去避免那些不该说的话，何况你们的性命是掌握在我的手里？你们为何不告诉我，却动不动就用些不实际的话去恐吓蛊惑老百姓，这就像大火燎原，无法接近，难道还能扑灭吗？这是你们大家自己制造的不安定局面，不是我的过错。"

"迟任有言曰[1]：'人惟求旧[2]，器非求旧，惟新。'古我先王暨乃祖乃父胥及逸勤[3]，予敢动用非罚[4]？世选尔劳[5]，予不掩尔善[6]。兹予大享于先王[7]，尔祖其从与享之。作福作灾，予亦不敢动用非德[8]。

"予告汝于难[9]，若射之有志[10]。汝无侮老成人[11]，无弱孤有幼[12]。各长于厥居[13]，勉出乃力，听予一人之作猷[14]。无有远迩，用罪伐厥死[15]，用德彰厥善[16]。邦之臧[17]，惟汝众；邦之不臧，惟予一人有佚罚[18]。

"凡尔众，其惟致告[19]：自今至于后日，各恭尔事，齐乃位[20]，度乃口[21]。罚及尔身，弗可悔。"

注释

①迟任：人名，上古著名的良史。

②惟：只。旧：这里是指那些老臣。

③暨：与，和。胥及：一起。逸：安逸。勤：勤劳。

④非罚：不恰当的惩罚。

⑤选：计算。劳：功绩。

⑥掩：掩蔽。

⑦兹：现在。享：祭祀。

⑧非德：不当的恩惠。

⑨于：以，把。

⑩志：标志，即箭靶。

⑪侮：轻视。

⑫弱：形容词的意动用法，指认为某人弱。

孤：孤立。

⑬长：长期。

⑭作猷：所作的谋划。

⑮罪：刑罚。伐：通“罚”。指惩罚。死：这里指作恶人。

⑯德：这里是指奖赏。

⑰臧：善，美。

⑱佚罚：过失。

⑲致告：指所作的告诫。

⑳齐：齐平，这里指和职位或地位相齐平。位：职位，地位。

㉑度：闭口。

译文

“迟任说过：‘用人只寻求用老臣，而器物不求旧的，只求新的。’很久以前，我的先王和你们的祖辈父辈一起享受安乐，一起辛勤劳作，我现在怎么敢对你们动用不恰当的刑罚呢？计算你们世代的功绩，我不会遮盖你们善的那一面。现在我要大祭先王，你们的祖先也一起受到祭祀。尽管我能赐福或降灾于人们，但我也不敢擅用不恰当的赏赐。

“我把困难告诉你们，犹如射箭有箭靶子一样目标明确。你们不要轻视那些老人，也不要认为那些年幼的人柔弱而孤立他们。你们每个人都要长期在此地居住，努力地付出你们的劳力，听从我的谋划。无论是将来还是眼前，我都会用刑罚去惩罚那些作恶多端的人，用奖赏去表彰那些做好事的人。国家兴旺，就靠你们大家了；国家不能兴旺，那是我在刑罚方面有过失。

“你们大家要仔细想想我的告诫：从今往后，你们各自要恭敬做自己的分内之事，言行要和你们的职位与地位相称，闭上你们的嘴。不然，等惩罚到你们身上的时候，就会后悔莫及。”

中

盘庚作[①]，惟涉河以民迁[②]。乃话民之弗率[③]，诞告用亶[④]。其有众咸造[⑤]，勿亵在王庭[⑥]。盘庚乃登进厥民[⑦]。

曰："明听朕言，无荒失朕命[⑧]！呜呼！古我前后[⑨]，罔不惟民之承保。后胥戚鲜[⑩]，以不浮于天时[⑪]。殷降大虐[⑫]，先王不怀厥攸作[⑬]，视民利用迁[⑭]。汝曷弗念我古后之闻？承汝俾汝[⑮]，惟喜康共[⑯]，非汝有咎比于罚[⑰]。予若吁怀兹新邑[⑱]，亦惟汝故[⑲]，以丕从厥志[⑳]？"

注释

①作：立为君。

②惟：思谋，考虑。涉：渡。

③话：会合。率：遵循。

④诞：大。亶：诚恳。

⑤有：助词。咸：都。造：至，来到。

⑥勿亵：不安的样子。

⑦登：登上台阶，这里是使动用法，指使众人登上台阶。

进：使人进，与上文"登"字用法相同。

⑧荒：废。失：通"佚"。放纵。

⑨前后：后，指君王。前后是指先王。

⑩胥：清楚，明白。

慼：通"戚"。指那些亲贵的大臣。鲜：鲜明。

⑪浮：通"罚"。这里指受惩罚。

⑫虐：灾害。

⑬怀：安于。攸作：所作，指先王所建的都邑。

⑭用：以。

⑮承：承接。俾：使。

⑯康：安康。共：指稳定的生活。

⑰咎：过错。

⑱吁：呼吁。怀：安。

⑲惟：思念。故：灾祸。丕：大。

⑳从：遵从。厥志：先王保民之志。

译文

盘庚即位做了君王之后，要带领老百姓渡过黄河迁移到别的地方。于是集合了那些不遵从迁都命令的人，并用诚恳的态度训诫他们。那些人都来了，个个惶恐不安地站在王宫的院子里，盘庚让他们上台阶都进宫里。

盘庚说："你们仔细听我说，不要遗漏和轻慢我的命令！啊！以前我的先王们没有不保护和爱戴子民的，君王和大臣们都很明白这一点，因此不会受到上天的惩罚。国家受到大的灾害，先王并不留恋和安于他们所建造的都邑，以百姓的利益为出发点而进行了迁移。你们为什么不想一想我古代先王的那些事迹？我承接先王而来役使你们，我要为你们安乐的生活考虑，而不是因为你们犯错误而惩罚你们。我呼吁你们要安于这个新都邑的生活，这也是因为你们的缘故，是为了实现先王安土保民这个大心愿。"

"今予将试以汝迁,安定厥邦。汝不忧朕心之攸困[1],乃咸大不宣乃心[2]。钦念以忱动予一人[3],尔惟自鞠自苦[4]。若乘舟,汝弗济,臭厥载[5]。尔忱不属[6],惟胥以沈[7]。不其或稽[8],自怒曷瘳[9]?汝不谋长以思乃灾,汝诞劝忧[10]。今其有今罔后,汝何生在上?

"今予命汝一[11],无起秽以自臭[12],恐人倚乃身[13],迂乃心[14]。予迓续乃命于天[15],予岂汝威,用奉畜汝众[16]。"

注释

①忧:忧愁。困:困苦。

②不:通"丕"。大。宣:宣布,这里指表露自己的不满。

③忱 chěn:诚,确实。

④鞠:穷,尽头。

⑤臭:朽。

⑥尔忱不属:指那些大臣诚心不想跟随盘庚迁徙。

⑦沈:沉没。

⑧稽:稽留,延迟。

⑨瘳 chōu:病愈。

⑩诞:生。劝:劝勉,指安于某种状态。

⑪一:统一,这里指要和盘庚的意愿相统一。

⑫秽:污秽之言。

⑬倚:靠。

⑭迂:弯曲,偏斜。

⑮迓 yà:迎接。

⑯奉畜:奉养,畜养。

译文

“我将试图带着你们一起迁徙，以安定国家。你们不体谅我内心的忧愁与苦恼，却大肆宣泄你们不情愿迁徙的心情。想成心触动我，这是你们自己走上绝路和自找苦吃。就像坐船，你们不渡河，却把船上的物品搞坏。你们成心不愿和我一起迁徙，就只会沉没到水里。留下不走，到时候悔恨又能怎么样呢？你们不考虑长远的灾害，却安于忧患之中。这样只会有今天而无明天，你们还怎么生活在世上？

“现在我命令你们和我统一意见，不要再散布污秽和不满之言，把自己搞臭了，我恐有人靠近身子你们蛊惑你们的心。我承上天之命来延续你们的性命，我这不是在威胁你们，而是在供养你们。”

“予念我先神后之劳尔先①，予丕克羞尔②，用怀尔。然失于政，陈于兹③，高后丕乃崇降罪疾④，曰：‘曷虐朕民⑤？’汝万民乃不生生⑥，暨予一人猷同心⑦，先后丕降与汝罪疾，曰：‘曷不暨朕幼孙有比⑧？’”故有爽德⑨，自上其罚汝，汝罔能迪⑩。

“古我先后既劳乃祖乃父，汝共作我畜民⑪。汝有戕则在乃心⑫！我先后绥乃祖乃父⑬，乃祖乃父乃断弃汝⑭，不救乃死。兹予有乱政同位⑮，具乃贝玉⑯。乃祖乃父丕乃告我高后曰：‘作丕刑于朕孙！’迪高后⑰，丕乃崇降弗祥⑱。”

注释

①神后：神圣的君主。

②丕：否，不。克：能够。羞：使蒙羞。

③陈：居处。

④高后：先王。丕乃：于是。崇：重。

⑤虐：虐待。

⑥乃：却。生生：《正义》曰："物之生长，则必渐进，故以'生生'为'进进'。"即同心愿乐。

⑦猷：谋划。

⑧幼孙：盘庚自指。有比：亲近。

⑨爽：明。

⑩迪：逃脱。

⑪畜：养。

⑫有：又。戕 qiāng：残害。

⑬绥：劝慰，安抚。

⑭断弃：抛弃。

⑮乱：治。

同位：在位，在职。

⑯乃：其。贝玉：贝和玉，指财物。

⑰迪：启发。

⑱崇：重。

译文

“我念在我神武的先王曾经劳烦了你们的祖先的分上，所以我不能使你们蒙羞，而会保护你们。然而由于政事上的失误而滞留于此地的话，先王就会降下重罪说：‘你为何暴虐我的子民？’如果你们所有人都不同心愿乐谋求同心同德的话，先王就会降罪于你们，说：‘为什么不和我的小孙子同心？’故有明德，由上天去惩罚你们，你们无法逃脱。

“过去我的先王已经劳烦了你们的先祖先父了，而你们也是我所养的臣民，你们却心存祸害之念！我的先王会劝慰你们的先祖先父，使你们的先祖先父抛弃你们，不管你们的死活。现在我有一治政的大臣同位于父祖，但他们不念忠，只一味地聚敛财物。你们的先祖先父告诉我的先王说：‘对我的子孙动用刑罚吧！’这启发了我的先王，于是才给你们降下大大的祸患。”

“呜呼！今予告汝：不易[①]，永敬大恤[②]！无胥绝远[③]，汝分猷念以相从[④]，各设中于乃心[⑤]。乃有不吉不迪[⑥]，颠越不恭[⑦]，暂遇奸宄[⑧]，我乃劓殄灭之[⑨]，无遗育[⑩]，无俾易种于兹新邑[⑪]。

“往哉生生！今予将试以汝迁，永建乃家。”

注释

①易：改变，这里是指迁都。

②恤：忧患。

③胥：相。绝远：隔绝疏远。

④分：应当。

⑤中：和衷共济。

⑥乃：若。吉：善。迪：道，这里指走正道。

⑦颠：癫狂。越：越轨，违法。

⑧暂：欺诈。奸宄：违法乱纪。

⑨劓 yì：断。殄：灭绝。

⑩育：当为“胄”。这里指后代。

⑪俾：使。易：延续。种：指后代。

译文

“啊！今天我要告诫你们：不迁都的话！就要永远惊慌失措处于忧患之中！我们不要相互隔绝疏远，你们应当考虑跟从我迁移，各自要存有和衷共济之心。若有不善和不正派之人，或狂妄违法玩世不恭之人，以及奸邪作乱之人，我将会灭绝他们，不留后代，不使他们在新都邑延续下去。

“去谋求生存吧！现在我要带着你们一起迁走，建立你们永久的家园。”

下

盘庚既迁，奠厥攸居[1]，乃正厥位[2]，绥爰有众[3]。

曰："无戏怠[4]，懋建大命[5]！今予其敷心腹肾肠[6]，历告尔百姓于朕志[7]。罔罪尔众，尔无共怒，协比谗言予一人[8]。

"古我先王将多于前功，适于山[9]，用降我凶[10]，德嘉绩于朕邦[11]。今我民用荡析离居[12]，罔有定极[13]，尔谓朕易震动万民以迁？肆上帝将复我高祖之德[14]，乱越我家[15]。朕及笃敬[16]，恭承民命，用永地于新邑。肆予冲人[17]，非废厥谋，吊由灵各[18]。非敢违卜，用宏兹贲[19]。"

注释

①奠：定，确定。攸：所。

②位：这里指宗庙的位置。

③绥：安抚。爰：于。

④戏：嬉戏，这里指玩乐。怠：懈怠。

⑤懋：勤勉，努力。大命：指建设家园。

⑥敷：布，开诚布公。心腹肾肠：心腹之言。

⑦历：遍。志：想法，旨意。

⑧协比：串通，一起。

⑨适：往。

⑩用：以，凭借。降：减少。凶：灾害。

⑪德：升。嘉绩：美功。

⑫荡析：离散。

⑬极：最终，这里指最终的居住地。

⑭高祖：指成汤。

⑮乱：治。越：于。

⑯笃：厚。

⑰冲人：年幼的人，此为自谦。

⑱吊：善，指迁都。灵：善。

⑲宏：弘扬。贲：大宝龟，用于占卜。

译文

盘庚迁到殷都以后，先确定所居住的地方，再定下宗庙的位置，然后安抚臣民。

盘庚说："不要玩乐和懈怠，努力建设家园吧！现在我推心置腹地把我的心意告诉所有的百姓。我不会责罚你们，你们不要愤怒，不要合起来说我的坏话。

"以前我的先王想建立比前人更大的功绩，就迁到山区，以此来减少我们所遭受的灾害，因此为我们国家建立了卓越的功绩。如今我们的老百姓因洪水之灾而四处分散流离失所，没有固定的居所。你们会问我为什么要举万民迁居？因为现在帝要复兴我高祖的美德，治理好我们的国家。我急迫恭敬地遵循天命，承载你们的性命，以使你们永远居住在这个新的都邑。现在我这个年轻人，不会废弃这个伟大的计划，因为迁都的计划是由神灵占卜而决定的。我不敢违背占卜的结果，而要用它去发扬光大那宏伟的事业。"

“呜呼！邦伯、师长、百执事之人[1]，尚皆隐哉[2]！予其懋简相尔念敬我众[3]。朕不肩好货[4]，敢恭生生[5]。鞠人谋人之保居[6]，叙钦[7]。今我既羞告尔于朕志，若否[8]，罔有弗钦！无总于货宝[9]，生生自庸[10]。式敷民德[11]，永肩一心。”

注释

①邦伯：邦国之长。师长：武官之长。

百执事：负责具体事务的众多官员。

②尚：希望。隐：思考，衡量。

③简念：顾念。

④肩：任用。好货：指喜好财货的官员。

⑤恭：举用。

⑥保：安。⑦叙：次序。钦：敬。

⑧若：顺，赞成。否：反对。

⑨总：聚敛。⑩庸：厚。

⑪式：发语词，无义。敷：散布。德：恩德。

译文

“啊！各位邦国的诸侯、各部门的长官、负责具体事务的官员：希望你们都认真想一想！我将认真检查你们是否顾念体恤我的民众。我不会任用那些贪财的人，我要任用那些能为民谋求生计的人。那些能够保民养民，并使民众安居乐业的人，我将依次去尊敬他们。今天我已经把我所赞成和我所反对的事情都告诉你们了，不要不重视！不要一味聚敛财宝，要谋求生存以自用。要向老百姓广施恩泽，并和百姓保持同心。”

高宗肜日

题解

高宗，是殷高宗武丁宗庙的称号。武丁为汤第十一世孙，是殷商第二十三代王。肜，是商代的一种祭祀的名称，指祭祀后的第二天再祭祀。高宗肜日，即高宗的儿子祖庚肜祭高宗的日子。本篇主要记载祖己对祖庚的告诫和训导之辞此文今、古文《尚书》中皆选有。

高宗祭成汤，有飞雉升鼎耳而雊①，祖己训诸王②，作《高宗肜日》《高宗之训》。

注释

①雉 zhì：野鸡。升：登。雊 gòu：野鸡鸣叫。

②祖己：第二十四代商王祖庚的族弟，也是祖庚时期的名臣。诸：之于。

译文

高宗武丁祭祀商汤的时候，有一只野鸡飞到用于祭祀的大鼎的鼎耳，并发出鸣叫声，祖己训诫祖庚，史官记载了此事，作《高宗肜日》和《高宗之训》。

（以上是《高宗肜日》《高宗之训》的序言）

高宗肜日[①]，越有雊雉[②]。祖己曰："惟先格王[③]，正厥事[④]。"乃训于王。

曰："惟天监下民[⑤]，典厥义[⑥]。降年有永有不永[⑦]，非天夭民，民中绝命。民有不若德[⑧]，不听罪[⑨]。天既孚命正厥德[⑩]，乃曰：'其如台[⑪]？'

"呜呼！王司敬民，罔非天胤[⑫]，典祀无丰于昵[⑬]！"

注释

①肜 róng 日：祭祀的日子。肜，商代的一种祭祀的名称，指第二天的祭祀。

②越有雊雉：指从天上降下一只鸣叫着的野鸡。

③格：告。

④正：纠正。事：王事，这里指祭祀之事。

⑤监：监视。

⑥典：典范，这里作使动用法，是指使其符合某种规范。义：道理。

⑦永：长久，这里指寿命的长久。

⑧若：善。

⑨听：服。

⑩孚：通"付"。给予。

⑪如台：如何。

⑫胤 yìn：继承。

⑬昵：通"祢"。指父庙。

译文

祖庚祭祀其父高宗武丁的那一天，天上降下一只鸣叫着的野鸡。祖己说："这是先告王纠正祭祀过程中的不当之处。"于是开始训诫祖庚。

祖己训诫道："上天监视下面的老百姓，纠正其行为使其符合道义。降赐给人的寿命有长有短，不是上天要使人中途死亡，而是人自己做事不合天道，于是中途断命。人有不善的德行，不服从天降之罪，上天已经命令去纠正其德行，他却说：'那又如何呢？'

"啊！君王继嗣敬民，无非是做了上天的后代，因此，祭祀父庙时，祭品不要过于丰厚！"

西伯戡黎

题解

西伯，即周文王，他曾被封为西伯侯。戡黎，即指用武力平定黎国。本篇讲述西伯侯姬昌灭了黎国之后，引起了商纣王大臣祖伊的惊恐，于是便有了祖伊和纣王的一段精彩对话。本篇在今、古文《尚书》中皆有。

殷始咎周①，周人乘黎②。祖伊恐③，奔告于受④，作《西伯戡黎》。

注释

①咎：怪罪。

②乘：战胜。黎：一个邦国的名称。

③祖伊：商纣王时大臣。

④受：即商纣王。

译文

殷商开始怪罪周人的时候，周人战胜了黎人。祖伊惊恐，跑着来告诉纣王，史官记载此事，作了《西伯戡黎》。

（以上是《西伯戡黎》的序言）

西伯既戡黎[①]，祖伊恐，奔告于王曰[②]："天子！天既讫我殷命[③]。格人元龟[④]，罔敢知吉。非先王不相我后人，惟王淫戏用自绝[⑤]。故天弃我，不有康食[⑥]。不虞天性[⑦]，不迪率典[⑧]。今我民罔弗欲丧[⑨]，曰：'天曷不降威[⑩]？'大命不挚[⑪]，今王其如台？"

注释

①既：已经。戡 kān：用武力平定。

②王：指纣王。

③讫：完结，终了。

④格人：能够感知天意的人，能够感应上天的人。
元龟：大宝龟，用来占卜。

⑤淫戏：淫逸和沉溺于享乐。用：以。

⑥康食：安宁地吃饭，这里泛指安稳日子。

⑦虞：预料，推测。

⑧迪：遵循。率典：常法。

⑨罔弗欲丧：没有人不希望纣王死。

⑩曷：为何。

⑪挚：至，到。

译文

西伯侯姬昌发兵平定了黎国，祖伊惊恐万分，跑着去告诉纣王说："天子啊！上天要终结我们殷商的天命。连善于感知天意的人和用于占卜的大宝龟都无法预知最后的吉凶。不是先王不愿意辅佐和保佑我们这些后人啊，而是大王你淫逸享乐无度才造成自我灭亡的啊。故而上天抛弃了我们殷商，使我们不能安稳地过日子了。大王你不揣测天性，不遵循常法。如今我们的老百姓没有不希望你灭亡的，他们都说：‘老天怎么还不降下威严和惩罚？’大命不知什么时候到，现在大王你准备怎么做呢？”

王曰：“呜呼！我生不有命在天？”

祖伊反曰①：“呜呼！乃罪多②，参在上③，乃能责命于天④？殷之即丧，指乃功⑤，不无戮于尔邦⑥！”

注释

①反：同“返”。

②乃：你，指纣王。

③参：累，积累。

④责：责让。

⑤指乃功：看看你的功绩。

这里是反语，指纣王的罪恶很多。

⑥戮：杀，灭。

译文

纣王说：“啊！我的命不是由天决定的吗？”

祖伊回去之后说：“唉！你的罪恶太多了，都在上天那里记着呢，你还有资格责让天命？殷商即将灭亡了，看看你的那些功绩，就知道你一定会被那个周邦给灭了！”

微　子

题解

微子，名启，商纣王的同母庶兄，被封于微这个地方，故称微子。本篇记载的是微子在殷商即将灭亡的情况下，与父师和少师对于时局的讨论。今、古文《尚书》中皆有此篇。

殷既错天命[①]，微子作诰父师、少师[②]。

注释

①错：废。

②父师：官职的名称，即太师。

少师：官职的名称，是太师的助手。

译文

殷商失掉天命，微子给太师、少师作诰辞。

（以上是《微子》的序言）

微子若曰[①]："父师、少师！殷其弗或乱正四方[②]。我祖厎遂陈于上[③]，我用沈酗于酒[④]，用乱败厥德于下[⑤]。殷罔不小大好草窃奸宄[⑥]。卿士师师非度[⑦]。凡有辜罪[⑧]，乃罔恒获[⑨]，小民方兴，相为敌雠。今殷其沦丧，若涉大水，其无津涯[⑩]。殷遂丧，越至于今[⑪]！"

曰："父师、少师，我其发出狂[⑫]？吾家耄逊于荒[⑬]？今尔无指告，予颠隮[⑭]，若之何其？"

注释

①若：这样。

②其：将要。弗或：不能。乱：治理。

③厎：平定。遂：成功，功绩。陈：摆放。

④用：因为。沈酗：沉溺。

⑤用：因此。

⑥罔不小大：无论大小，指殷的全部大小官员。

草窃：草，通"抄"。掠夺。窃，窃取。

⑦师师：相互效仿。

⑧辜：有罪。

⑨恒：常常。获：获罪，这里指得到惩罚。

⑩津：渡口。涯：岸边。

⑪越：地步，程度。

⑫狂：通"往"。离开。

⑬家：在家。耄 mào：年老。逊：退。荒：荒野。

⑭颠：颠覆。隮 jī：坠落。

译文

微子这样说道："父师、少师！我们殷人将不能治理天下了。我们的祖先平定天下的功绩还摆在这呢，而我们却沉溺于酒色，败坏他们的美德。我们殷人的大小官员都在巧取豪夺违法乱纪。卿士大夫都相互效仿那些不合法度的做法，凡是犯了罪，却常常得不到惩罚。老百姓正在联合起来敌视我们啊。现如今，殷商已经沦落衰败了，就像乘船渡大河，却没有渡口和堤岸而无法靠岸。殷商的沦丧，竟然到了今天的地步！"

微子说："父师、少师，我是应该就此离开还是退居荒野而老死在家呢？现在你们不给我指点，等到我们殷商颠覆灭亡，那该怎么办呢？"

父师若曰："王子①！天毒降灾荒殷邦②，方兴沈酗于酒，乃罔畏畏③，咈其耇、长、旧有位人④。今殷民乃攘窃神祇之牺牷牲⑤，用以容，将食无灾⑥。降监殷民，用乂雠敛⑦，召敌雠不怠⑧。罪合于一，多瘠罔诏⑨。

"商今其有灾，我兴受其败⑩；商其沦丧，我罔为臣仆。诏王子出迪⑪，我旧云刻子、王子弗出⑫，我乃颠隮。自靖！人自献于先王，我不顾行遁⑬。"

注释

①王子：指微子启。

②毒：通“笃”。重。

③畏畏：第一个畏是指畏惧，第二个畏是指天威。

④咈：违背。耇 gǒu：年龄大的人。

⑤攘：偷取。窃：盗取。

牺牷 quán 牲：牷，指古代用作祭品的纯色全牲。牺牷牲是指整个祭品。

⑥无灾：无患，这里指不受惩罚。

⑦乂：《史记》《汉书》皆作“治”。雠：或作“稠”。数。

⑧召：招致。怠：松懈。

⑨瘠：贫，困苦。诏：告，申诉。

⑩兴：起，出。败：灾祸。

⑪迪：走，奔，这里指流亡。

⑫旧：以前。刻子：指箕子。

⑬遁：指逃跑。

译文

父师这样说道：“王子！上天重重地降罪给我们殷商，而我们却沉溺于酒色，毫不畏惧天威，不听取老人、长辈和老臣的劝诫。现在老百姓偷盗用于祭祀的牲口，回去藏起来，或饲养或吃掉，却都不受惩罚。面对老百姓，数重的赋税征敛招致很多仇恨，却丝毫不知休。所有的罪行合在一起，造成老百姓贫苦不堪，却无处申诉。

“殷商现如今有大灾祸，我应当受其灾；殷商沦丧衰败，我不会做奴隶。我劝诫王子逃亡出去。我曾说过，若箕子和微子不能出奔，我们就全完了。都自己决定吧！每个人都要为我们的先王作出贡献，我是不会考虑逃跑的。”

周书

牧　誓

题解

牧，即指牧野；誓，是战争前的誓师。《牧誓》是武王伐商时在牧野之战前的誓师之辞。主要内容是申明战争过程中的军纪。

武王戎车三百两①，虎贲三百人②，与受战于牧野，作《牧誓》。

注释

①戎车：战车。两：同“辆”。

②虎贲：勇猛的士兵。

译文

周武王率领战车三百辆，勇士三百人，和商纣王在牧野交战，史官记载了武王战前的誓词，作《牧誓》。

（以上是《牧誓》的序言）

时甲子昧爽[1]，王朝至于商郊牧野[2]，乃誓。

王左杖黄钺[3]，右秉白旄以麾[4]，曰："逖矣[5]，西土之人[6]！"

王曰："嗟！我友邦冢君御事[7]，司徒、司马、司空[8]，亚旅、师氏[9]，千夫长、百夫长[10]，及庸、蜀、羌、髳、微、卢、彭、濮人[11]，称尔戈[12]，比尔干[13]，立尔矛，予其誓[14]。"

注释

①甲子：甲子日那一天。昧爽：即黎明。

②朝：即昧爽。

③杖：持，拿着。

黄钺 yuè：用黄铜制作的大斧子，一种王权的象征。

④秉：拿着。白旄：白色的旄牛尾巴。麾：挥，挥动。

⑤逖 tì：远。

⑥西土之人：周在殷商的西边，故而自称西土之人。

⑦冢君：这里指各邦的君主。御事：邦国主事的大臣。

⑧司徒、司马、司空：官名。

⑨亚旅、师氏：军官名。

⑩千夫长、百夫长：两种不同级别的军队将领，分别指挥千人和百人。

⑪庸、蜀、羌、髳 máo、微、卢、彭、濮：皆邦国名。

⑫称：举。

⑬比：排列。干：盾牌。

⑭誓：陈辞誓师。

译文

在甲子日的黎明，武王率军到了殷商都城郊外的牧野，举行了誓师。武王左手持黄钺，右手挥动白色的旄牛尾，说道："走得好远啊，来自西方的人们！"

武王又说："啊！我友邦的国君和各主事的大臣，司徒、司马、司空，亚旅、师氏，千夫长、百夫长，以及庸国、蜀国、羌国、髳国、微国、卢国、彭国、濮国的军士们，举起你们戈，排好你们的盾，竖起你们的矛，我要宣布誓言了。"

王曰："古人有言曰：'牝鸡无晨[①]；牝鸡之晨，惟家之索[②]。'今商王受惟妇言是用，昏弃厥肆祀弗答[③]，昏弃厥遗王父母弟不迪[④]，乃惟四方之多罪逋逃是崇是长[⑤]，是信是使[⑥]，是以为大夫卿士。俾暴虐于百姓[⑦]，以奸宄于商邑。今予发惟恭行天之罚[⑧]。今日之事，不愆于六步、七步[⑨]，乃止齐焉[⑩]。夫子勖哉[⑪]！不愆于四伐、五伐、六伐、七伐[⑫]，乃止齐焉。勖哉夫子！尚桓桓[⑬]，如虎如貔[⑭]，如熊如罴[⑮]，于商郊[⑯]。弗迓克奔[⑰]，以役西土[⑱]，勖哉夫子！尔所弗勖，其于尔躬有戮[⑲]！"

注释

①牝 pìn 鸡：母鸡。无：没有。晨：早晨打鸣。

②索：尽。③昏弃：蔑视，放弃。肆祀：一种祭祀的名称。弗答：指不管不问。

④遗：后代。王父：祖父。母弟：同母兄弟。不迪：不任用。

⑤逋 bū：逃亡。崇：尊崇。长：这里指以他们为长。

⑥信：信任。使：任用。⑦俾：使。

⑧发：武王名叫姬发，故自称“发”。

⑨愆 qiān：超过。

⑩止齐：指停止下来，整齐一下队伍。

⑪勖 xù：勉励。

⑫伐：攻击。

⑬桓桓：威武的样子。

⑭貔 pí：类似豹的猛兽。

⑮罴 pí：熊的一种，很凶猛。

⑯于：往。

⑰迓：原指迎接，这里指迎击。克：能够。

⑱以役西土：役，役使。这里是指让他们成为周人的奴仆。

⑲尔躬：你们自身。

译文

武王说：“古人有句话说道：‘母鸡没有早晨打鸣的；母鸡要是早晨打鸣，那么这个家就会穷尽衰败。’如今商纣王只听妇人之言，轻蔑地废弃祭祀而不管不问，轻蔑地废弃其祖父的同母弟而不任用，却只尊崇那些四方逃亡的罪犯，信任和任用他们，任用他们为卿、士大夫。使他们残暴虐待老百姓，违法作乱于殷商的都城。现如今我只有恭敬地执行上天对他的惩罚。今天的战斗，进攻不超过六七步就要停下来整齐一下队伍，你们要奋力啊！攻击不要超过四次到七次，就要停下来整齐一下队伍，你们要奋力啊！队伍要威武雄壮，就像虎、貔一样凶猛，像熊、罴一样有力，冲向商郊。不要迎击能够前来投降的敌军，以便让他们以后为我们周人服役。你们要奋力啊！如果你们不奋力，你们自身将会被杀戮！”

洪　范

题解

洪，指大；范，指规范，法则；洪范即指大法。武王灭商之后，向箕子咨询治国之道，箕子在武王面前阐述了九条法则，即所谓的“洪范九畴”。本篇详细记录了九条大法及其具体操作的方法。它是《尚书》中的重要篇章，备受历代学者的重视，是研究我国上古政治、思想、文化的重要文献。

武王胜殷，杀受[①]，立武庚[②]，以箕子归[③]，作《洪范》。

注释

①受：商纣王之名。

②武庚：商纣王之子。

③箕子：商纣王的叔父。

译文

周武王战胜了殷人，杀了商纣王，立纣王的儿子武庚为殷人之主，带着箕子回到周都城镐京，史官记载这件事，作了《洪范》。

（以上是《洪范》的序言）

惟十有三祀[1]，王访于箕子[2]。王乃言曰："呜呼！箕子，惟天阴骘下民[3]，相协厥居[4]，我不知其彝伦攸叙[5]。"

箕子乃言曰："我闻在昔，鲧陻洪水[6]，汩陈其五行[7]。帝乃震怒，不畀洪范九畴[8]，彝伦攸斁[9]。鲧则殛死[10]，禹乃嗣兴，天乃锡禹洪范九畴[11]，彝伦攸叙。

"初一曰五行[12]，次二曰敬用五事[13]，次三曰农用八政[14]，次四曰协用五纪[15]，次五曰建用皇极[16]，次六曰乂用三德[17]，次七曰明用稽疑[18]，次八曰念用庶征[19]，次九曰向用五福[20]、威用六极[21]。"

注释

①十有三祀：有，又。祀，一年。

十有三祀是指周文王受命的第十三年。

②王：指周武王。访：咨询。

③阴骘 zhì：阴，私下，暗自。骘，安定。

阴骘指上苍默默地安定下民。

④相：使。协：和谐。居：居住。

⑤彝：常。伦：理。攸：文言助词，无义。

叙：次序，这里指排序。

⑥陻 yīn：指用土堵塞。

⑦汩 gǔ：扰乱。陈：排列。

五行：指水、火、木、金、土。

⑧畀 bì：给予。洪：大。范：法。九畴：九类。

⑨攸：由此。斁 dù：败坏。

⑩殛：诛杀。

⑪锡：赐予。

⑫初：开始。

⑬敬：恭敬认真。用：运用。

⑭农：通“浓”。重视。八政：八种政事。

⑮协：合。五纪：五种计时的方法。

⑯建：立。皇：君王。极：这里指法则。

⑰乂：治。三德：三种德行，详见下文。

⑱稽：考察，稽考。

⑲念：时常考虑。庶：众。征：征兆。

⑳向：同“飨”。招待。

㉑威：威慑。

译文

文王受命的第十三年，武王去向箕子咨询。武王说：“啊！箕子，只有上天能悄无声息地安定下民，使他们和谐地居住在一起，我不知道这些治国的常理是如何排序的。”

箕子说：“我听说以前鲧用土来围堵洪水，结果扰乱了五行的排列顺序。于是天帝大为震怒，不给他九类大法，常理因此遭到败坏。鲧被诛杀了，大禹继承其事业而兴起，上天于是赐给他九类大法，常理因此又有了秩序。

“第一是五行，第二是谨慎地运用五事，第三是努力运用八政，第四是和谐地运用五纪，第五是建立君王的行为法则。第六是治民所用的三德，第七是明用稽考，第八是常考虑庶征，第九是用五福和六极。”

“一，五行：一曰水，二曰火，三曰木，四曰金，五曰土。水曰润下①，火曰炎上②，木曰曲直③，金曰从革④，土爰稼穑⑤。润下作咸⑥，炎上作苦，曲直作酸，从革作辛，稼穑作甘。”

注释

①润：润湿。曰：文言助词，无义。

②炎：热。

③曲直：可曲可直。

④从：顺从。革：变。

⑤爰：文言助词，无义。稼穑：播种和收获。

⑥作：产生。

译文

“一，五行：一是水，二是火，三是木，四是金，五是土。水向下润泽，火向上炙热燃烧，木可以弯曲也可以伸直，金属可以顺从人的意愿而改变，土可以在里面播种和收获。水向下润泽产生咸味，火向上炙热燃烧产生苦味，木头可曲可直就产生酸味，金属顺从人意而改变可产生辛味，土里种植和收获粮食可产生甘甜的味道。”

“二,五事：一曰貌[1]，二曰言，三曰视，四曰听，五曰思[2]。貌曰恭[3]，言曰从[4]，视曰明[5]，听曰聪[6]，思曰睿[7]。恭作肃[8]，从作乂，明作晰[9]，聪作谋[10]，睿作圣[11]。”

注释

①貌：表情。

②思：思考。

③恭：恭敬。

④从：正。

⑤明：清楚，明亮。

⑥聪：听力好，这里指善于听取。

⑦睿：通达，深远。

⑧作：则，就。肃：严肃。

⑨晰：清晰。

⑩谋：这里指善于谋划。

⑪圣：圣明。

译文

“二,五事：一是表情，二是说话，三是看，四是听，五是思考。表情要恭敬，说话要正当有理，看要看清楚，听要听得广远，思考要通达和深远。表情恭敬就能做到严肃，说话正当就能治事，看得清楚就能明晰事物，善于听取就会善于谋划，考虑得深远通达就能变得圣明。”

“三，八政[①]：一曰食[②]，二曰货[③]，三曰祀[④]，四曰司空，五曰司徒，六曰司寇，七曰宾[⑤]，八曰师[⑥]。”

注释

①八政：八种政务。

②食：吃饭问题，这里指农业。

③货：财货，指工商业。

④祀：祭祀。

⑤宾：接待宾客，引申为外交事务。

⑥师：军队，这里指国家军事事务。

译文

“三，八种政务：一是吃饭问题，二是货物流通，三是祭祀，四是工程建设，五是教化百姓，六是社会治安，七是礼遇外宾，八是军事事务。”

“四，五纪[①]：一曰岁[②]，二曰月，三曰日，四曰星辰[③]，五曰历数[④]。”

注释

①五纪：五种纪年。

②岁：岁星，岁星运行一周就是一年。

③星辰：众星，指二十八宿等。

④历数：君王纪年。

译文

“四，五种纪年：一是岁星，二是月亮，三是太阳，四是众多星辰，五是君王的纪年。”

“五，皇极：皇建其有极[1]。

“敛时五福[2]，用敷锡厥庶民[3]，惟时厥庶民于汝极[4]。锡汝保极[5]：凡厥庶民，无有淫朋[6]，人无有比德[7]，惟皇作极。凡厥庶民，有猷有为有守[8]，汝则念之[9]。不协于极，不罹于咎[10]，皇则受之[11]。而康而色[12]，曰：‘予攸好德[13]。’汝则锡之福。时人斯其惟皇之极[14]。无虐茕独而畏高明[15]，人之有能有为，使羞其行[16]，而邦其昌。凡厥正人[17]，既富方谷[18]，汝弗能使有好于而家[19]，时人斯其辜[20]。于其无好德，汝虽锡之福，其作汝用咎[21]。无偏无陂[22]，遵王之义[23]；无有作好[24]，遵王之道；无有作恶，遵王之路。无偏无党，王道荡荡[25]；无党无偏，王道平平[26]；无反无侧[27]，王道正直。会其有极[28]，归其有极。曰皇极之敷言是彝是训[29]，于帝其训。凡厥庶民，极之敷言是训是行，以近天子之光。曰天子作民父母，以为天下王。”

注释

①建：立。指建立政事。极：法则。

②敛：聚合。时：同“是”。这。五福：五种福和恩惠。

③敷：铺开，广布。锡：通“赐”。

④惟：只。于：重视。

⑤保：保守。

⑥淫朋：奸邪之党。

⑦人：指百官。比：勾结。

⑧猷：谋略。为：作为。守：操守。

⑨念：常思。

⑩罹：遭受。咎：罪。

⑪受：宽容。

⑫而：若。康：平和。色：这里指高兴的表情。

⑬攸：助词，无义。

⑭斯：于是，则。惟：思。

⑮无：通“毋”。不要。茕 qióng 独：茕，指无兄弟之人；独，指老而无子。高明：位高显贵之人。

⑯羞：进。行：善行，这里指其才能。

⑰正人：官员。

⑱方谷：常禄。

⑲好：贡献。而：你。家：君王的家，即指国家。

⑳时人：时，同“是”。代指这个人。辜：责怪。

㉑作：使。用：施行。咎：责怪。

㉒无：不要。陂：偏差。

㉓义：法。

㉔好：这里指偏好。

㉕荡荡：平坦，宽阔。

㉖平平：平易。

㉗反：反道，反常。侧：倾侧。

㉘会：会合，归于。

㉙敷：陈述。极之敷言，所陈述关于皇极之言。彝：常法。训：顺，从。

译文

“五，君王的行为准则：君王要建立行为准则。

“集合五种福惠，广泛赐给众臣民。唯有如此，众臣民才能尊崇你的准则。现在赐予你保国的准则：要想让所有臣民都不去结交奸邪的帮派以及不相互勾结，唯有君王做出榜样和标准。凡是臣民有谋略，有作为，有操守的，你要常常惦念他。和准则不协调，但又不犯罪的，你要接受和宽容他。如若他能和颜悦色地说：‘我喜欢美德。’那你就赐给他福。这些人就会考虑你的法则。不要虐待孤独之人和惧怕位高显达之人。一个人有能力有作为，就使他奉献施展出来，国家就会因此昌盛。凡是在位的官员已经富有常年固定的俸禄，如果你不能使他有贡献于你的国家，他就会责怪你。对于那些不喜欢美德的人，即使你赐给他福，他仍然会责怪你。不要偏袒和倾斜，要遵循君王的德义；不要有偏好，要遵循君王的道义；不要做坏事，要遵循君王的正路。不偏斜，不拉帮结派，王道就会广阔；不结党，不偏斜，王道就会平坦；不反常，不偏斜，王道就正直。一切集中于这个法则，一切归于这个法则。故而说对于君王，以上所陈述的法则是常法，需要遵从，天帝也需遵从。对于众多臣民，以上所陈述的法则是要遵从和身体力行的，以此方可接近天子的光辉。所以说天子作为臣民的父母，就可做天下的君王。”

“六，三德：一曰正直，二曰刚克[①]，三曰柔克[②]。平康正直[③]，强弗友刚克[④]，燮友柔克[⑤]。沈潜刚克[⑥]，高明柔克[⑦]。惟辟作福[⑧]，惟辟作威[⑨]，惟辟玉食[⑩]。臣无有作福作威玉食。臣之有作福作威玉食，其害于而家，凶于而国。人用侧颇僻[⑪]，民用僭忒[⑫]。”

注释

①刚克：以强硬的方式取胜。克，克服。

②柔克：以温和的方式取胜。③平康：平和而安静。

④弗友：刚强而不友善。

⑤燮 xiè 友：温和而可亲。⑥沈潜：潜伏。

⑦高明：使动用法，提高并使其明显。

⑧惟：只有。辟：君王。作：造。

⑨威：威严。⑩玉食：美食。

⑪人：官员。用：因此。侧颇：倾斜。僻：偏斜。

⑫民：百姓。僭：越轨。忒：作恶。

译文

“六，三德：一是正直，二是刚克，三是柔克。要以正直的方式对待平正康宁之人，要以强硬的方式对待倔强不亲附之人，要以温和的方式对待可亲之人。降低和压制刚克的性格，提升和彰显柔克的性格。只有君王才有权造福，只有君王才有权施以威严，也只有君王才有权享受美食。臣下没有造福施威和享受美食的权利。臣下要是有造福施威和享受美食的，就会有害于国家，给国家带来凶灾。官员会偏斜不正直，百姓会犯上作乱。”

“七，稽疑：择建立卜筮人[1]，乃命卜筮。曰雨，曰霁[2]，曰蒙[3]，曰驿[4]，曰克[5]，曰贞[6]，曰悔[7]，凡七。卜五，占用二。衍忒[8]，立时人作卜筮[9]。三人占，则从二人之言。汝则有大疑[10]，谋及乃心，谋及卿士，谋及庶人，谋及卜筮。汝则从，龟从，筮从，卿士从，庶民从，是之谓大同。身其康强，子孙其逢[11]，吉。汝则从，龟从，筮从，卿士逆，庶民逆，吉。卿士从，龟从，筮从，汝则逆，庶民逆，吉。庶民从，龟从，筮从，汝则逆，卿士逆，吉。汝则从，龟从，筮逆，卿士逆，庶民逆，作内吉[12]，作外凶[13]。龟筮共违于人[14]，用静吉[15]，用作凶[16]。”

注释

①建：建立。

卜筮：卜，用龟甲预测吉凶。筮，用蓍 shì 草预测吉凶。

②霁 jì：晴朗。

③蒙：雾。

④驿：通“圛”。指半阴半晴。

⑤克：兆相交错。五者卜兆之常法。

⑥贞：内卦曰贞。

⑦悔：外卦曰悔。

⑧衍：演绎，推演。忒：变化。

⑨时人：这个人。

⑩则：如，若。

⑪逢：大，昌盛。

⑫作内：在内做事。

⑬作外：在外做事。

⑭共违：共同违背偏离。

⑮静：静止，什么也不做。

⑯作：行动，做事。

译文

“七，稽疑：选择和设立卜人和筮人，命令他们分别用龟甲和蓍草来预测吉凶。预测的内容有：天气的下雨、晴朗、大雾、多云，军事上是否能胜利，做事是正当还是不正当，还有做事是否有灾祸，共七个方面。其中的五个方面是用龟甲的占卜，另两个方面是用蓍草进行的占筮。能根据龟甲和蓍草推演事态的变化，可立这样的人并使他作卜筮。三个人卜筮，就听取其中两个人的结果。如果你有大的疑惑，就自己在心里琢磨，或和卿士讨论，或和平民讨论，或和卜人、筮人讨论。如果你自己赞同，龟甲赞同，蓍草赞同，卿士赞同，平民赞同，这就可以说是大同了。这样自己身体会健康强壮，子孙多而兴旺，这是吉利的征兆。如果你自己赞同，龟甲赞同，蓍草赞同，卿士反对，平民也反对，这也是吉利的征兆。如果卿士赞同，龟甲赞同，蓍草赞同，你自己反对，平民也反对，这仍然是吉利的征兆。如果平民赞成，龟甲赞成，蓍草赞成，你自己反对，卿士反对，这是吉利的征兆。如果你自己赞同，龟甲赞同，蓍草不赞同，卿士不赞同，平民不赞同，那么这是在国内做事吉利，在国外做事不吉利的征兆。如果龟甲和蓍草预测的结果都不符合人的意愿的话，人静而无所作为就会吉利，有所作为就有凶险。”

"八，庶征：曰雨，曰旸[1]，曰燠[2]，曰寒，曰风。曰时五者来备[3]，各以其叙[4]，庶草蕃庑[5]。一极备[6]，凶；一极无[7]，凶。曰休征[8]：曰肃[9]，时雨若[10]；曰乂，时旸若；曰哲，时燠若；曰谋，时寒若；曰圣，时风若。曰咎征：曰狂[11]，恒雨若；曰僭[12]，恒旸若；曰豫[13]，恒燠若；曰急[14]，恒寒若；曰蒙[15]，恒风若。曰王省惟岁[16]，卿士惟月，师尹惟日。岁月日时无易[17]，百谷用成[18]，乂用明，俊民用章[19]，家用平康。日月岁时既易，百谷用不成，乂用昏不明，俊民用微[20]，家用不宁。庶民惟星，星有好风[21]，星有好雨。日月之行，则有冬有夏。月之从星，则以风雨。"

注释

①旸：日出，这里指晴天。

②燠 yù：暖和，热。

③时：同"是"。代指五种天气。备：具备。

④叙：次序。

⑤蕃庑：茂盛。

⑥一：五者之一。极备：极多。

⑦极无：极缺。

⑧休征：美好的征兆。

⑨肃：肃敬。

⑩若：像。时雨若：指该下雨的时候下雨，即适时降雨。

⑪狂：狂妄。

⑫僭：差错。

⑬豫：安乐。

⑭急：急促，这里指不善谋略。

⑮蒙：蒙昧无知。

⑯省：通“眚”。指灾祸，过失。

⑰易，改变。

⑱用：因。

⑲俊民：有才能的人。章：彰显。

⑳微：不显露。

㉑星有好风：指星宿有喜好风的。

译文

“八，众多征兆：下雨、天晴、暖和、寒冷、刮风。这五种天气齐备，若按时节顺序出现，则会草木丰茂。某一种天气过多，就有凶兆；某一种天气过少，也会有凶兆。好的征兆是：人恭敬严肃，就像适时下雨；国家大治，就像适时晴朗；英明而有智慧，就像天气适时温暖；善于谋略，就像天气适时寒冷；通达而又圣明，就像适时刮风。不好的征兆是：狂妄，就像一直下雨而不停；政务混乱无序，就像一直晴而无雨；贪图安乐，就像一直炎热；急促而无谋略，就像严寒而不止；蒙昧无知，就像刮风不止。君王的过失可以影响一年的天气，卿士的过失可以影响一个月的天气，普通官员的过失可以影响一天的天气。年、月、日如果都没有什么反常的变化，就会粮食丰收、政治清明，人才辈出，国家平安康宁。日、月、年如果有反常的变化，就会百谷荒芜，政治昏暗不开明，杰出人才得不到彰显，国家也不会安宁。百姓就像天上的星宿，星宿有喜好刮风的，也有喜好下雨的。日月的运行就产生的冬天和夏天。月亮如果顺从星宿，就会顺风顺雨。”

“九，五福：一曰寿，二曰富，三曰康宁，四曰攸好德[①]，五曰考终命[②]。六极：一曰凶、短、折[③]，二曰疾，三曰忧，四曰贫，五曰恶[④]，六曰弱[⑤]。”

注释

①攸：放在动词之前，构成名词性词组，相当于“所”。

②考：老。考终命，自然死亡。

③凶、短、折：早夭。古文尚书和今文尚书对“凶”“短”“折”的解释各有不同，但总的来说为同一意义，即未得寿终。

④恶：邪恶。

⑤弱：懦弱。

译文

“九，五福：一是长寿，二是富贵，三是康宁，四是喜好美德，五是善终。六极：一是短命早死，二是疾病，三是忧愁，四是贫困，五是邪恶，六是懦弱不堪。”

金　縢

题解

金，金丝制的带子；縢，有束、封的意思。简单地说，金縢就是指用金丝带子包束装有简册的盒子。武王克商二年之后患病，周公向天神及祖先祈祷武王平安，并愿意以自己的寿命来祈求武王的病愈，其忠心天日可鉴。祈祷之后，就把史官所记录的祈祷之辞装进金丝封束的盒子里。武王死后，成王年幼，周公代政，成王怀疑周公。后来因为一次天灾，成王命人打开这个盒子，才看到了当年周公的一片忠心。从此，成王消除了内心对周公的疑虑。本篇在今、古文《尚书》中皆有。

武王有疾，周公作《金縢》①。

注释

①周公：武王之弟，名叫姬旦。

译文

武王生病了，周公作了《金縢》。

（以上是《金縢》的序言）

既克商二年，王有疾，弗豫[①]。二公曰[②]："我其为王穆卜[③]。"周公曰："未可以戚我先王[④]！"公乃自以为功[⑤]，为三坛同墠[⑥]。为坛于南方，北面，周公立焉。植璧秉圭[⑦]，乃告太王、王季、文王[⑧]。

史乃册[⑨]，祝曰："惟尔元孙某[⑩]，遘厉虐疾[⑪]。若尔三王，是有丕子之责于天[⑫]，以旦代某之身。予仁若考能[⑬]，多材多艺[⑭]。能事鬼神。乃元孙不若旦多材多艺，不能事鬼神。乃命于帝庭[⑮]，敷佑四方[⑯]，用能定尔子孙于下地[⑰]。四方之民罔不祗畏[⑱]。呜呼！无坠天之降宝命[⑲]，我先王亦永有依归。今我即命于元龟[⑳]，尔之许我，我其以璧与圭归俟尔命[㉑]；尔不许我，我乃屏璧与圭[㉒]。"

乃卜三龟，一习吉[㉓]。启籥见书[㉔]，乃并是吉。公曰："体[㉕]！王其罔害。予小子新命于三王[㉖]，惟永终是图；兹攸俟[㉗]，能念予一人[㉘]。"公归，乃纳册于金縢之匮中。王翼日乃瘳[㉙]。

注释

①弗豫：身体不舒服。

②二公：指太公姜尚和召公奭。

③穆：恭敬。

④戚：忧虑。

⑤功：质，今言抵押。

⑥三坛：太王、王季、文王各为一坛。

墠 shàn：古代祭祀用的场地。

⑦植：置，放置。璧：圆形的玉，是最重要的祭器。

圭：上圆下方的玉，古代祭祀要用圭。

⑧太王：即古公亶父，是武王的曾祖。

王季：武王的祖父。文王：武王的父亲。

⑨史：史官。册：在简册上书写。

⑩惟：语气助词。元孙：长孙。某：指周武王姬发。

⑪遘 gòu：遇到。厉：严重的。虐：恶。

⑫是：这个时候。丕子：助祭。

⑬仁若：仁义的样子。考：巧。

⑭材：才华。

⑮命：受命。

⑯敷：普遍。佑：通“有”。拥有。

⑰用：因此。下地：人间。

⑱祗：敬。

⑲无：毋，不要。坠：丧失。

宝命：指上天降下的使命。

⑳即命：听命。

㉑归：奉送。俟：等待。

㉒屏：摒弃。

㉓一：全都。习：重复。

㉔启：开。籥 yuè：通“钥”。指锁。

书：占卜用的书。

㉕体：指占卜中卦象的形态。

㉖命：受命。

㉗攸：所。

㉘予一人：周公自称。

㉙翼日：第二天。

译文

武王灭商之后的第二年，患了疾病，不舒服。太公姜尚和召公奭说："我们恭敬地为大王占卜一下吧。"周公说："不可以让我们的先王为此感到忧虑啊！"周公于是把自己作为抵押而为武王祝祷身体的康复，并在同一片祭祀的场地建起三座大祭坛。又在祭坛的南边另建一座祭坛，面朝南站在祭坛上。他的身旁放着一块玉璧，手持一块玉圭，向太王、王季、文王祷告。

史官用笔在简册上记录，祝词说："你们的长孙姬发遇到了很严重的恶疾。如若你们三位先王在天上担有助祭的职责，那就以我的身体来代替姬发吧。我仁义而又有巧艺，才艺，善于侍奉鬼神。你们的大孙子没有像我这样的多才多艺，不善于侍奉鬼神。他刚刚在天帝的天庭那里被授予天命而拥有天下，因此他能在人间安定你们的子民，天下的老百姓没有不敬畏他的。啊！不要丧失天帝赋予的宝贵天命啊，我们的先王也会永远有所归依。如今我把命运寄托在这个占卜的大龟上了，我会听命于它的结果，如果你们答应我的祈求，我将会把玉璧和玉圭送给你们，然后等待你们的命令；如果你们不答应我的祈求，我就会摒弃玉璧和玉圭。"

于是就用三只大龟进行了占卜，全都是吉利的征兆。打开锁去查看卦书，竟和占卜结果是同样的吉利。周公说："通过兆象来看，大王的病将没有危险了。我刚从三位先王那里得到新的命令。使我们只谋求国运的永久延续；现在我所等待的正是三位先王能惦念我的一番苦心而保大王健康。"周公回去了，史官便把书写祝词的简册放进金属制用的带子所封存的盒子里。第二天，武王的病就痊愈了。

武王既丧[①]，管叔及其群弟乃流言于国[②]，曰："公将不利于孺子[③]。"周公乃告二公曰："我之弗辟[④]，我无以告我先王。"周公居东二年[⑤]，则罪人斯得[⑥]。于后，公乃为诗以贻王[⑦]，名之曰《鸱鸮》[⑧]。王亦未敢诮公[⑨]。

注释

①丧：死。

②管叔：名鲜，武王弟，封于管。群弟：指蔡叔、霍叔等。

③公：指周公。孺子：年幼的人，指成王。

④辟：为君，这里指周公的摄政。

⑤居东：离开国都，居于东方。

⑥罪人：指武庚和管叔、蔡叔、霍叔等。

斯：就。得：抓到。

⑦贻：送。

⑧《鸱鸮》：今存于《诗经》之中。

⑨诮 qiào：责备。

译文

武王死后，管叔和其他众多兄弟就在国都里散布流言，说："周公将会取代年幼的成王而自称天子。"周公于是对太公姜尚和召公奭说："我如果不摄政的话，就无法向先王交待。"周公居于国都之东两年，就抓住了散布流言的罪人。之后，周公作了一首诗送给成王，诗的名字叫《鸱鸮》。成王也没敢责备周公。

秋，大熟，未获，天大雷电以风[①]，禾尽偃[②]，大木斯拔[③]，邦人大恐。王与大夫尽弁[④]，以启金縢之书，乃得周公所自以为功代武王之说[⑤]。二公及王乃问诸史与百执事[⑥]。对曰："信[⑦]。噫[⑧]！公命我勿敢言。"

王执书以泣，曰："其勿穆卜！昔公勤劳王家，惟予冲人弗及知[⑨]。今天动威以彰周公之德，惟朕小子其新逆[⑩]，我国家礼亦宜之。"王出郊，天乃雨，反风，禾则尽起。二公命邦人凡大木所偃，尽起而筑之[⑪]。岁则大熟。

注释

①以：与。

②偃：倒下。

③斯：用作连词，则、就。

④弁 biàn：指戴上礼帽。

⑤说：这里指祝辞。

⑥百执事：众多办事官员。

⑦信：确实。

⑧噫：唉。

⑨冲人：年幼的人，成王谦称。

⑩新：亲。逆：迎。

⑪起：扶起。

筑：这里指培土使树稳固。

译文

秋天，庄稼大面积成熟，眼看丰收在望。在尚未收割之时，突然天空雷电交加，并刮起大风。庄稼全被风吹倒了，连硕大的树木也被连根拔起了，国人大为惊恐。成王与众大夫都穿上朝服戴上礼帽，打开金属制的带子所封存的盒子，于是看到了记载周公以自身为质而代替武王去死的祝词册书。太公、召公和成王向诸位史官和办事人员问及此事。他们回答说："确实是这样的啊。唉！周公当时下了命令不让我们说。"

成王手拿着册书哭着说："不用占卜了，昔日周公为王室勤劳奋勉，只有我这个小孩子不知道。如今上天发威了，以此来彰显周公的美德，只有我亲自去迎接天威才行，而且按国家的礼仪也该这样做。"成王出行到郊外，天还在下雨，但风向逆转，倒下的庄稼又全部站起来了。太公和召公命令人们把那些倒下的大树全部扶起来并培上土。于是，这一年获得大丰收。

大 诰

题解

大，是指普遍；诰，是告诫，劝勉。本篇是周公在决定东征以平定“三监”和武庚的叛乱之前召集各邦国诸侯和各级官员，并以成王的口气向他们发布的诰命，系统阐述了天命的不可违和东征这一决策的正确性。本篇在今、古文《尚书》中皆有。

武王崩，三监及淮夷叛[①]，周公相成王，将黜殷[②]，作《大诰》。

注释

①三监：武王灭商以后，立商纣的儿子武庚为殷商遗民之主，又命令管叔、蔡叔、霍叔共同监视武庚，即所谓的三监。淮夷：居于淮河流域的少数民族。

②黜：消除，消灭。

译文

武王死后，三监和淮夷发动叛乱，周公辅佐成王，将发兵消灭叛乱及殷商。史官记载此事，作了《大诰》。

（以上是《大诰》的序言）

王若曰："猷[1]！大诰尔多邦，越尔御事[2]。弗吊[3]！天降割于我家[4]，不少延[5]。洪惟我幼冲人[6]，嗣无疆大历服[7]。弗造哲[8]，迪民康[9]，矧曰其有能格知天命[10]？已[11]！予惟小子，若涉渊水，予惟往求朕攸济[12]。敷贲敷前人受命[13]，兹不忘大功。予不敢闭于天降威[14]，用宁王遗我大宝龟[15]，绍天明[16]。即命曰[17]：'有大艰于西土，西土人亦不静，越兹蠢[18]。殷小腆诞敢纪其叙[19]。天降威[20]，知我国有疵[21]，民不康，曰：予复[22]！反鄙我周邦[23]，今蠢。今翼日[24]，民献有十夫予翼[25]，以于敉宁、武图功[26]。我有大事，休[27]？'朕卜并吉。"

注释

①猷：叹词，啊。

②大诰：广泛而普遍的诰喻。

多邦：众诸侯国。越：与，和。御事：治事大臣。

③吊：据吴大澂《字说》，"吊"应为"淑"。善，良好。

④割：灾害。

⑤延：延缓。

⑥洪惟：句首语气助词。

幼冲人：幼冲人，即年轻人，这里指成王。冲，稚。

⑦嗣：继承。无疆：无边的疆域，形容广大。

大历服：伟大久远的事业。

⑧造：通"遭"。遭遇。哲：有智慧的人。

⑨迪：启迪，指引。康：安康。

⑩格：知晓。

⑪已：叹词，唉。

⑫攸济：这里指渡过难关的方法。攸，所。济，渡。

⑬敷贲：敷，大。贲，三足龟。

敷前人：敷，通“辅”。辅佐前人。

⑭闭：堵塞。威：灾难。

⑮宁王：即指文王。

⑯绍：昭明。天明：即天命。

⑰即命：即，就。命，告。即命，指就龟而告。

⑱兹：这时。蠢：蠢蠢欲动。

⑲殷小腆：腆，国主。殷小腆，指武庚。

纪其叙：整理延续其帝统，这里指复辟殷商。

⑳天降威：天降灾难，指武王去世。

㉑疵 cī：毛病，指成王年幼。

㉒予：武庚自称。复：复辟，恢复殷商。

㉓鄙：边远。

㉔今翼日：今，如今。翼日，明日。

㉕献：贤人。翼：辅助。

㉖敉 mǐ：平定，安抚。宁：文王。

武：武王。图功：图谋的功业。

㉗休：吉利。

译文

王是这样说的：“啊！大诰你们众多邦国的诸侯和治事的大臣们。国家不顺利啊！上天降灾于我们国家，一直没有间断啊。我这个年轻人继承了无边的疆土和永久的国运。没有遇到能够把人民引导到安康之路的哲人，更何况说能够知晓天命呢？唉！我就好比正在渡过深不可测的河水，我要去寻找渡过这一关的方法。三足大宝龟帮助我的先人接受了天命，到现在我都忘不了它的大功。我不敢把先王遗留下的大好传统丧失掉，自从上天降灾至此，现在就用文王遗留下的大宝龟来昭明天命。我给大宝龟的命辞说道：‘西土将有灾难了，西土的人也不安心了，正在蠢蠢欲动。殷商的武庚胆敢妄想恢复其帝统。上天降下灾难，武王去世了。他武庚知道我们国家现在有不足之处，百姓也不安康，所以他说：我要恢复殷商统治！反过来把我们周邦作为他远鄙之地，现今已经蠢蠢欲动了。明天，有十位贤人将作我的辅佐，以完成文王和武王所图谋的功业。我国将有战事了。是否会吉利？最后，我占卜的结果都是吉利的。”

“肆予告我友邦君越尹氏、庶士、御事[1]，曰：‘予得吉卜，予惟以尔庶邦于伐殷逋播臣[2]。’尔庶邦君越庶士、御事罔不反曰：‘艰大，民不静，亦惟在王宫邦君室[3]。越予小子[4]，考翼不可征[5]，王害不违卜[6]？’

“肆予冲人永思艰[7]，曰：呜呼！允蠢鳏寡[8]，哀哉！予造天役遗[9]，大投艰于朕身[10]。越予冲人不卬自恤[11]。义尔邦君越尔多士、尹氏、御事绥予曰[12]：‘无毖于恤[13]，不可不成乃宁考图功[14]！’

“已！予惟小子，不敢替上帝命[15]。天休于宁王[16]，兴我小邦周。宁王惟卜用，克绥受兹命[17]。今天其相民[18]，矧亦惟卜用？呜呼！天明畏，弼我丕丕基[19]！”

注释

①肆：故而，因此。尹氏：史官。庶士：众多士人。

②于：往。逋播臣：逋，逃亡。播，散。

逋播臣，泛指那些叛乱的罪人。

③惟：有。王宫邦君室：指管叔、蔡叔等人是王室成员。

④予小子：庶邦君自称。

⑤考翼：友邦。

⑥害：通“曷”。为何。

⑦肆：今。

⑧允：信，真的。蠢：动。

鳏寡：孤独单身的男人和女人，这里泛指孤苦的人。

⑨造：通“遭”。役：役使。

⑩投：赋予。艰：困难。

⑪越：与。卬 áng：我。恤：忧虑。

⑫义：应当。绥：安抚。

⑬无：不要。毖：操劳。

⑭宁考：文考。图功：所图谋的功业。

⑮替：即“僭”。不信。

⑯休：嘉惠。宁王：文王。

⑰克：能够。绥：继承。

⑱相：辅助。

⑲弼：辅助。丕：大。基：事业。

译文

“因此我告诉我的各友邦的国君和各主事的官员们说：‘我卜得了吉利的卦，我打算率领你们众邦国去讨伐那殷商的叛乱分子。’你们众邦国的国君和大臣们无不反对说：‘太难了，老百姓不安定，而且这些叛乱分子是出于王室的人。本于孝友的道理，我们不能去征讨他们，大王何不违背占卜的预言呢？’

“现在我长远地考虑这场灾难。唉！真是惊扰了苦难的老百姓了。悲哀啊！我受到上天的差遣，上天把这场灾难重重地落到我身上，我不能只体恤自己。你们各邦国的君王和大臣们应该劝慰我说：‘不要为自己忧虑，你不能不去完成你的祖父文王所图谋的功业！’

“唉！我不敢废弃上帝的命令。上天曾嘉奖和赞美我们的文王，使我们这个周人小邦兴盛起来，文王只用了占卜，就能够完成所受的天命。如今，上天帮助我们百姓，况且我们还同时有了占卜。啊！上天要彰显他的威严了，辅助我们伟大的基业吧！”

王曰：“尔惟旧人①，尔丕克远省②，尔知宁王若勤哉③！天閟毖我成功所④，予不敢不极卒宁王图事⑤。肆予大化诱我友邦君⑥：天棐忱辞⑦，其考我民⑧，予曷其不于前宁人图功攸终⑨？天亦惟用勤毖我民⑩，若有疾，予曷敢不于前宁人攸受休毕⑪？”

王曰：“若昔朕其逝⑫，朕言艰日思⑬。若考作室⑭，既厎法⑮，厥子乃弗肯堂⑯，矧肯构⑰？厥父菑⑱，厥子乃弗肯播⑲，矧肯获？厥考翼其肯⑳，曰：予有后，弗弃基㉑。肆予曷敢不越卬敉宁王大命㉒？若兄考㉓，乃有友伐厥子㉔，民养其劝弗救㉕？”

注释

①惟：是。旧人：旧臣

②丕：大。省：反省。

③若：如此。

④闳 bì："毖"误作，慎，秘密。

⑤卒：终了，结束。

⑥化诱：诱导，教化引导。

⑦棐 fěi：辅助。忱辞：诚信的话。

⑧考：成就。

⑨攸终：谋求完成。

⑩毖：劳累。

⑪攸：所。受休：所受的天命。

⑫若昔：像以前。逝：往。

⑬艰：艰辛。日思：每日思虑。

⑭考：父亲。作室：建房子。

⑮厎：定。法：法则，方式。

⑯堂：堂基，这里指开挖地基。

⑰构：构建，这里指盖房子。

⑱菑 zī：开垦荒地。

⑲播：播种。

⑳翼：通"冀"。希望。

㉑基：基业。

㉒越：于。敉：平定，完成。

㉓兄考：即皇考。周人称已死去的父亲。

㉔友：成群的人。

㉕民养：负责养民的人。

译文

成王说："你们都是老臣，你们特别能够回忆以往很久的事情，你们知道文王是如何的勤于政事吧！上天悄悄地把通往成功之路的方法赐给了我，我不敢不快速而彻底地去完成文王所图谋的事业。现在我要大加劝诫和引导我的友邦的国君们：上天以诚挚的言辞辅助我们，要成全我们的子民，我怎么能不把先祖文王所谋求的事业彻底完成？上天也用勤劳来劳役我的子民，犹如生病而必须治疗，我怎么敢不把先祖文王所受的天命完成？"

成王说："就像以前我出征一样，我都会说出艰难的现状以及每日所思虑的事情。就像一个父亲要建房子，已经制定建房子的方案，但他的儿子就是不肯开挖地基，又何谈建房子？这个父亲新开垦了土地，他的儿子都不肯播种，又何谈收获？但他的父亲希望他去做，说：我有后代，他不会抛弃我的基业。现在我怎么敢不在我身上去完成文王所承受的天命？就像一位父亲死了，却还有人来打他的儿子，难道他家家奴不去努力救助吗？"

王曰："呜呼！肆哉[①]！尔庶邦君越尔御事。爽邦由哲[②]，亦惟十人，迪知上帝命。越天棐忱[③]，尔时罔敢易法[④]！矧今天降戾于周邦[⑤]！惟大艰人诞邻胥伐于厥室[⑥]，尔亦不知天命不易？予永念曰：天惟丧殷，若穑夫[⑦]，予曷敢不终朕亩？天亦惟休于前宁人[⑧]，予曷其极卜[⑨]？敢弗于从率宁人有指疆土[⑩]？矧今卜并吉！肆朕诞以尔东征[⑪]。天命不僭[⑫]，卜陈惟若兹[⑬]！"

注释

①肆：尽力。

②爽：明。哲：智慧的人。

③天棐忱：上天真心辅助。

④时：同"是"。代词。易法：即改变旧法。

⑤戾：定命。

⑥大艰人：挑起事端的人，指三监。

诞：通"延"。指勾结。邻：邻国。胥：相。

⑦穑夫：农夫。

⑧休：美好，这里是指上天夸奖和赞美。

⑨曷：何。

⑩于：往。

有指：指，通"旨"。美。有指，即美好。

⑪诞：大。以：率领。

⑫僭：差错。

⑬陈：示。若兹：如此，这样。

译文

成王说："啊！要尽力啊，你们众邦国的国君和大臣们。政治清明的国家是由有智慧之人的存在所决定的，也是由于这十位贤人启迪，我才得知上帝降下的天命和上天的诚挚辅助。你们因此也不敢改变旧的法度！何况如今上天已经降定命给我们周邦了！只有那些挑起叛乱和勾结殷人侵犯自己王室的人敢改变旧法。难道你们也不知道天命不可改变吗？我常常这样想：是上天要使殷商灭亡，我就像一个农夫，怎么敢不完成我土地里的工作？也是上天降下天命给我的先祖父文王，我怎么能放弃占卜？怎么敢不去巡视文王那美丽和广阔的疆土？何况今日的占卜都是吉利的征兆！因此我要大举率领你们东征。天命不会出错，占卜说显示的就是这样。"

康　诰

题解

康，指康叔；诰，是指告诫、劝勉。康叔是周武王的弟弟，被分封到卫国。本篇是周公告诫康叔要勤勉政务之辞。周公在此诰辞中系统地阐述了其德治和法治的治国理念，是研究周代政治制度史和思想史的重要史料。

成王既伐管叔、蔡叔，以殷余民封康叔[①]，作《康诰》《酒诰》《梓材》。

注释

①殷余民：剩余的殷商遗民。

康叔：名姬封，武王的同母兄弟，成王的叔父。

译文

周成王讨伐管叔和蔡叔之后，把剩余的殷商遗民分封给了康叔。史官记载此事，作《康诰》《酒诰》《梓材》。

（以上是《康诰》《酒诰》《梓材》的序言）

惟三月哉生魄[①]，周公初基，作新大邑于东国洛[②]，四方民大和会。侯、甸、男邦、采、卫，百工播民和[③]，见士于周[④]。周公咸勤[⑤]，乃洪大诰治[⑥]。

注释

①三月：周公摄政第四年的三月。

哉生魄：月相中新月牙初生，指阴历每月二、三日。

②新大邑：新的都邑，即成周，在今河南洛阳附近。

③播民：迁徙之民，指殷民。和：会。

④士：通“事”。指服役。

⑤咸：都。勤：慰劳。

⑥洪：大。治：治理殷民之道。

译文

三月新月初生的那两天，周公在东方的洛邑开始兴建新的都邑，四方的百姓都汇聚到这里了。属于侯服、甸服、和男服的邦国的国君，属于采服、卫服的邦国的各类官员以及殷商的移民都来了，他们将为周王服役。周公都分别慰劳了他们，接着就盛大隆重地大诰康叔关于治理殷遗民之道。

王若曰①："孟侯②，朕其弟，小子封③。惟乃丕显考文王④，克明德慎罚⑤，不敢侮鳏寡，庸庸⑥，祗祗⑦，威威⑧，显民⑨，用肇造我区夏⑩，越我一二邦⑪，以修我西土。惟时怙冒⑫，闻于上帝，帝休⑬，天乃大命文王。殪戎殷⑭，诞受厥命越厥邦厥民⑮，惟时叙⑯，乃寡兄勖⑰。肆汝小子封在兹东土⑱。"

注释

①王：指摄政王周公。若：如此，这样。

②孟侯：指康叔。

③小子封：小子，一种亲昵的称呼。封，康叔名。

④乃：你的。丕显考：伟大英明的父亲。

⑤克：能够。明德：彰显和重视德教。慎罚：慎用刑罚。

⑥庸庸：任用有用之人。

⑦祗祗：尊敬可敬之人。

⑧威威：威慑那些应该被威慑的人。

⑨显民：使民显著。

⑩用：以。肇：开始。造：缔造。区夏：华夏的一个区域，这里是周人称自己的国家为区夏。

⑪越：与。一二邦：指周的友邦。

⑫时：同"是"。此。怙冒：勤勉治国的大功。

⑬休：赞美。

⑭殪 yì：杀死。

⑮诞：大。越：与。

⑯时叙：时，这个。叙，业。

⑰寡兄：指周武王。勖：勤勉。

⑱肆：故而。东土：指卫国。

译文

摄政王周公是这样说的："孟侯，我的弟弟，年轻的封。你伟大英明的父亲文王，能够彰显道德教化和谨慎使用刑罚，不欺辱鳏寡孤独的人，任用有用的人，敬重值得敬重的人，威慑那些应该被威慑的人，彰显人民，以此开始缔造我周人的邦国，并和一些友邦共同来建设我们西方。以这样大的治国之功，而被帝听到了，天帝赞美他，于是降天命给文王。灭杀殷纣，承受天命和接受殷商的土地及其遗民，继承文王的事业，这都是你兄长武王勤勉所完成的。因此，你才能被分封到东土这个地方。"

王曰："呜呼！封，汝念哉！今民将在祗遹乃文考[①]，绍闻衣德言[②]。往敷求于殷先哲王用保乂民[③]，汝丕远惟商耇成人[④]，宅心知训[⑤]。别求闻由古先哲王，用康保民[⑥]。弘于天[⑦]，若德裕乃身[⑧]，不废在王命[⑨]！"

王曰："呜呼！小子封，恫瘝乃身[⑩]，敬哉！天畏棐忱[⑪]；民情大可见，小人难保[⑫]。往尽乃心，无康好逸豫[⑬]，乃其乂民。我闻曰：'怨不在大，亦不在小。惠不惠[⑭]，懋不懋[⑮]。'已！汝惟小子，乃服惟弘王应保殷民[⑯]，亦惟助王宅天命[⑰]，作新民[⑱]。"

注释

①遹 yù：遵循。

②绍：继续。闻：听取。衣：通“殷”。殷人。

德言：关于德教之言。

③敷：普遍。哲：哲人。保乂民：保民和治民。

④丕：大。耇成人：商代遗留的贤人。

⑤宅：存。知训：知道听取教训的重要。

⑥别：另外。由：于。康：安。

⑦弘：大。⑧若：如果。裕：富裕。

⑨废：荒废。在：于。⑩恫：痛。瘝 guān：疾病。

⑪棐忱：辅助诚信的人。⑫保：安。

⑬逸豫：安逸。⑭惠：顺从。⑮懋：勉励。

⑯服：职责。宏：大，宽大。应保：这里是指受命去保民。

⑰宅：安，使之安。⑱作：振作。新：革新。

译文

摄政王说：“啊！姬封！你要常常思虑呀！现在老百姓将要观察你是否恭敬地遵循你的父亲文王的德行，继续听取殷人的有德之言。去广泛求取殷商的先贤王的保民和治民的方法，你要永远把那些德高望重的老年人放在心上，认识到听取教训的重要。另外还要去打听古代的先贤圣王的保民安民的方法。使这些遗训像天一样宏大，如果你用德行来丰富和充实自身，王命就不会荒废！”

摄政王说：“啊！年轻的姬封啊！你要忍受身上的劳累和痛苦。凡事要恭敬！上天以威严辅助诚信的人；民情大体上可以看出，小民难以安定啊。你去尽心竭力，不要贪图安逸，才能治理好老百姓。我听说：‘民怨不在大，也不在小。要使那些不顺从的人顺从，使不努力的人努力。’唉！小子，你的职责是受命为大王安定殷商遗民，也是辅助王室保有天命，改造殷商遗民。”

王曰：“呜呼！封，敬明乃罚[①]。人有小罪，非眚[②]，乃惟终，自作不典[③]，式尔[④]，有厥罪小[⑤]，乃不可不杀。乃有大罪，非终[⑥]，乃惟眚灾[⑦]，适尔，既道极厥辜[⑧]，时乃不可杀。”

王曰：“呜呼！封，有叙时[⑨]，乃大明服[⑩]，惟民其敕懋和[⑪]。若有疾，惟民其毕弃咎[⑫]。若保赤子[⑬]，惟民其康乂。

“非汝封刑人杀人，无或刑人杀人。非汝封又曰劓刵人[⑭]，无或劓刵人。”

王曰：“外事[⑮]，汝陈时臬司师[⑯]，兹殷罚有伦[⑰]。”又曰：“要囚[⑱]，服念五、六日至于旬时[⑲]，丕蔽要囚[⑳]。”

王曰：“汝陈时臬事罚[㉑]。蔽殷彝[㉒]，用其义刑义杀[㉓]，勿庸以次汝封[㉔]。乃汝尽逊曰时叙[㉕]，惟曰未有逊事[㉖]。已！汝惟小子，未其有若汝封之心[㉗]。朕心朕德，惟乃知。”

注释

①敬：认真。明：严明。

②眚 shěng：过错。

③典：法。

④式：用。尔：如此。

⑤有：虽然，即便。

⑥非终：并不是一直都这样。

⑦眚灾：因过失而造成的灾害。

⑧道：说。极：尽。辜：罪。

⑨叙：有条理。

时：同“是”。这指代上述区别对待罪犯的方法。

⑩服：诚服。

⑪敕：告诫。和：顺。

⑫咎：恶。

⑬赤子：小孩。

⑭又：通“有”。劓：刑罚，割鼻。刵 ěr：刑罚，割耳朵。

⑮外事：判断狱讼的事。

⑯陈：列。列举。臬：标准。司：管理。师：狱官。

⑰兹：此，这样。殷罚：惩治殷人犯罪的刑罚。

有伦：有条理。

⑱要囚：囚禁犯人。

⑲服念：思考。

⑳丕：乃。蔽：决断。

㉑事罚：施行刑罚。

㉒蔽：审理。殷彝：处置殷人犯罪的法律。

㉓义：合理。

㉔庸：用。次汝封：顺从你姬封的心意。

㉕乃：如果。汝尽逊：都顺着你的意愿。

曰时叙：说这就是有秩序。

㉖惟：应当。

㉗未其有：没有。若：顺从。

译文

摄政王说："啊！姬封，你要认真对待，使你的刑罚严明。一个人犯小的罪行，不是因为一时的过失造成的，而是一直那样做不法之事，使用不法行径，虽然是小罪行，也不可不杀。如果犯了大罪，但不是一直这样，而是由于过失造成的灾祸，是偶尔犯罪，只要他已经把罪行全部交代了，这样的人就可以不杀。"

摄政王说："啊！姬封，要使这种区别对待罪犯的方法有条有序，百姓就会大大地明白和诚服，就会相互劝诫勉励，并和谐相处。对待老百姓犯罪就像对待自己生病一样，这样的话百姓就会彻底抛弃恶行。对待百姓就像养护小孩子一样，百姓就会得到安定和治理。

"除非你姬封要惩罚人和杀人，否则没有人敢去惩罚人和杀人。除非你姬封说要割人鼻子和耳朵，没有人敢割人鼻子和耳朵。"

摄政王说："处理司法案件，你要列出标准，并设立执法狱吏。这些用于惩治殷人犯罪的刑罚要有条理。"又说："对于囚禁犯人，要认真考虑五六天甚至十天时间才能决定囚禁他。"

摄政王说："你要列出法律标准来执行法律。这些用于惩治殷人犯罪的刑罚要有条理，无论是用刑还是杀死罪犯，都要合理。不要一味迎合你姬封的意愿。如果把完全迎合你的意愿说成是有秩序的话，那么就没有一件事顺利了。

"唉！你这个年轻人啊，我的话可能不合你的心意。但我的心我的德行，只有你知道啊。"

"凡民自得罪[1]：寇攘奸宄[2]，杀越人于货[3]，暋不畏死[4]，罔弗憝[5]。"

王曰："封，元恶大憝[6]，矧惟不孝不友[7]。子弗祗服厥父事[8]，大伤厥考心；于父不能字厥子[9]，乃疾厥子[10]；于弟弗念天显[11]，乃弗克恭厥兄；兄亦不念鞠子哀[12]，大不友于弟。惟吊兹[13]，不于我政人得罪[14]，天惟与我民彝大泯乱[15]。曰：乃其速由文王作罚[16]，刑兹无赦。

"不率大戛[17]，矧惟外庶子、训人、惟厥正人越小臣、诸节[18]。乃别播敷[19]，造民大誉[20]，弗念弗庸，瘝厥君[21]。时乃引恶[22]，惟朕憝。已！汝乃其速由兹义率杀[23]。

"亦惟君惟长[24]，不能厥家人越厥小臣、外正[25]；惟威惟虐，大放王命[26]；乃非德用乂。"

注释

①自得罪：自己犯的罪。②寇：抢劫。攘：偷窃。

③越：抢劫。④暋 mǐn：强横。

⑤憝 duì：怨恨，憎恶。⑥元：大。

⑦友：善事兄弟。⑧祗：敬。服：做。

⑨于：为。字：爱护。⑩疾：憎恶。

⑪天显：指天伦。

⑫鞠子：幼弟。哀：痛苦。

⑬吊：至，到了。兹：此，指上述情况。

⑭于：在。政人：官长。

⑮民彝：纲常，法律。泯：泯灭。

⑯乃其：这应当。由：用。

⑰率：遵循。戛 jiá：击，敲打。

⑱外：指外邦。庶子：官名。训人：官名。越：与。

小臣：官名。诸节：官名，持符节的官员。

⑲播敷：散布。⑳造：制造。

㉑瘝：病，伤害。㉒引：助长。

㉓兹义：指文王之法。㉔长：指世聊。

㉕外正：诸侯国的官员。㉖放：背弃。

译文

“凡是老百姓自己犯的罪：抢劫、盗窃、犯上作乱、杀人越货，蛮横且不怕死，这些罪行没有不遭人怨恨的。”

摄政王说：“姬封，大恶人特别可恨，何况那些不孝顺父母和不友爱兄弟的人呢。儿子不恭敬地为父亲做事，大大地伤害了他父亲的心；做父亲的不爱护儿子，却厌恶他的儿子；做弟弟的不顾念天伦，不能恭敬地对待他的兄长；兄长也不顾念弟弟的痛苦，很不关爱他的弟弟。都到了这些地步，如果作为我们这些执法的人员都不去责罚他们，那么上天所赐予的纲常和法律就会遭到泯灭和混乱。所以说：应该赶快用文王所制定的刑法去责罚他们，都不要赦免。

“不遵循大律的，尚且还有外庶子、训人、长官与小臣、持节符的官员。他们另外散布一套自己执行的法律，在百姓中为自己制造声誉，不顾念国家，不负责任，伤害他们的君主。这是在助长恶行，我痛恨这样的人。唉！你应当迅速根据文王之法杀掉他们。

“也有一些诸侯，不能管理好自己的家人与小臣，以及处在正职的官员，他们作威作孽，很不听从大王的命令，这些人不是用道德就能治理好的。”

"汝亦罔不克敬典[1]，乃由裕民[2]，惟文王之敬忌[3]。乃裕民曰：'我惟有及[4]。'则予一人以怿[5]。"

注释

①罔不克：克，能够。罔不克，意为不能不。

典：法典，法律。

②由：行。

③敬忌：敬和忌。

④及：赶上，达到。

⑤怿 yì：喜欢，高兴。

译文

"你也不能不敬畏法典啊，你去引导和教化百姓，要以文王所敬重和所忌讳的作为你的施政准则。你教导老百姓说：'我要在德行方面赶上文王。'那我就高兴了。"

王曰："封，爽惟民迪吉康[1]，我时其惟殷先哲王德[2]，用康乂民作求[3]。矧今民罔迪，不适[4]。不迪，则罔政在厥邦[5]。"

王曰："封，予惟不可不监[6]，告汝德之说于罚之行[7]。今惟民不静，未戾厥心[8]，迪屡未同[9]，爽惟天其罚殛我[10]，我其不怨。惟厥罪无在大，亦无在多，矧曰其尚显闻于天[11]？"

王曰："呜呼！封，敬哉！无作怨⑫，勿用非谋非彝蔽时忱⑬。丕则敏德⑭，用康乃心⑮，顾乃德⑯，远乃猷⑰，裕乃以⑱。民宁，不汝瑕殄⑲。"

注释

①爽惟：语气助词，无义。

吉：善。康：康宁，安康。

②时：是。惟：思。

③作：作为。

④适：归。

⑤罔政：没有善政。在：存在。

⑥监：通"鉴"。借鉴。

⑦于：与。

⑧戾：定，安定。

⑨屡：屡次。同：同一，这里是指顺服。

⑩惟：明思。其：如果。殛：诛责。

⑪尚：还。

⑫作：制造。

⑬蔽：掩盖。时：此。忱：诚。

⑭丕则：于是。敏：勉力。

⑮乃：其，指殷民。

⑯顾：顾念。

⑰远：深远。猷：谋略。

⑱裕乃以：使其丰衣足食。

⑲瑕殄：指因为其有瑕疵而弃绝之。瑕，即"遐"。远。

译文

摄政王说："姬封，你要教化老百姓，使其善良而安定，这只是谨记先王贤哲的德行，像他们那样安定治理好百姓。何况如今要是不教化百姓，这是不合适的。不教化的话，这个国家就没有完善的政务了。"

摄政王说："姬封，我们不可不借鉴啊，所以我给你讲了德治的说教和刑罚的施行。现如今的老百姓不安宁，他们的心不安定，多次教导他们，都没有使他们与我们同心。上天要责罚，甚至杀我们，我们都没什么可埋怨的。罪行不在于大，也不在于多，都要责罚他们，何况他们的罪行现在已经被上天清楚地知道了，怎能不赶紧治理呢？"

摄政王说："唉！姬封，要有敬畏之心啊！不要制造怨恨，不要使用不合适的计谋，不合法的手段，以免掩盖了你的诚心。因此你要努力施行德治，以此来安定你的心，反省你的德行，深远你的计谋，使你的财用丰裕。老百姓安宁了，上天就不会因为传世久远而弃绝你的。"

王曰："呜呼！肆汝小子封[①]。惟命不于常[②]，汝念哉！无我殄享[③]，明乃服命[④]，高乃听[⑤]，用康乂民。"

王若曰："往哉！封，勿替敬[⑥]，典听朕告[⑦]，汝乃以殷民世享[⑧]。"

注释

①肆：故。

②命：天命。于：有。

③殄：尽，绝。享：享有。

④明：明确。乃：你的。服命：使命。

⑤高：敬。

⑥替：废弃。

⑦典：常。

⑧世享：世世享祀。

译文

摄政王说："啊！所以你小子姬封要谨记这一点，只有天命不常啊！不要使我们所受的天命断绝，要明确你的使命，恭敬对待我对你说的这些话，安定和治理好老百姓。"

摄政王这样说道："去吧！姬封，不要忘记恭敬、谨慎，常听我的告诫，你就可以世世代代享有殷商故地了。"

酒　诰

题解

酒诰是一篇关于戒酒的诰辞。在诰辞中，周公针对殷商故地饮酒之风日盛，告诫康叔在卫国力行戒酒令，禁止臣民过分沉溺饮酒。本篇与《康诰》《梓材》共用一个序言。在今、古文《尚书》中皆有。

王若曰："明大命于妹邦[①]。乃穆考文王[②]，肇国在西土[③]。厥诰毖庶邦庶士越少正、御事、朝夕曰[④]：'祀兹酒[⑤]。'惟天降命[⑥]，肇我民[⑦]，惟元祀[⑧]。天降威[⑨]，我民用大乱丧德[⑩]，亦罔非酒惟行[⑪]；越小大邦用丧，亦罔非酒惟辜[⑫]。

"文王诰教小子有正有事[⑬]，无彝酒[⑭]。越庶国[⑮]，饮惟祀，德将无醉[⑯]。惟曰我民，迪小子惟土物爱[⑰]，厥心臧[⑱]。聪听祖考之彝训[⑲]，越小大德[⑳]，小子惟一[㉑]。

妹土嗣尔股肱[㉒]，纯其艺黍稷[㉓]，奔走事厥考厥长[㉔]。肇牵车牛[㉕]，远服贾[㉖]，用孝养厥父母；厥父母庆[㉗]，自洗腆[㉘]，致用酒[㉙]。

"庶士有正越庶伯君子[㉚]，其尔典听朕教[㉛]！尔大克羞耉惟君[㉜]，尔乃饮食醉饱。丕惟曰尔克永观省[㉝]，作稽中德[㉞]，尔尚克羞馈祀[㉟]。尔乃自介用逸[㊱]。兹乃允惟王正事之臣[㊲]。兹亦惟天若元德[㊳]，永不忘在王家[㊴]。"

注释

①明：昭明，宣布。妹邦：指卫国。

②穆考文王：穆，尊敬。穆考文王即指尊敬的先父文王。

③肇：开创。

④厥：其，指文王。庶邦：各邦国。庶士：众士。少正：副长官。御事：办理王室政事的官员。

⑤祀兹酒：指祭祀才饮酒。兹，则，才。

⑥惟：语气助词，无义。

⑦肇：劝勉。

⑧惟：只有。元祀：重大的祭祀。

⑨威：罚。

⑩用：通“庸”。平常。

⑪罔非：无非。惟：为。行：这里指罪行。

⑫辜：罪。

⑬小子：指文王的子孙。有正有事：大小官员。

⑭无：通“毋”。不要。彝：经常。

⑮越：于。庶国：指各邦国的诸侯。

⑯德：德行，这里指酒德。

⑰迪：教导。小子：指臣民的子孙。土物：指粮食。爱：爱惜。

⑱臧：善。

⑲聪听：明听。

⑳越：发扬。

㉑小子：指康叔。

㉒嗣：用。股肱：这里指辛勤努力。

㉓纯：专心。其：语气助词。艺：种植。

㉔事：服侍。㉕肇：勉力。

㉖服：从事。贾：商业贸易。㉗庆：高兴。

㉘洗腆：洗，清洗。腆，丰盛的膳食。

㉙致：得。㉚伯：邦伯。君子：在位官员。

㉛其：将要。

㉜羞：进献。耇：老人。惟：与。

㉝丕：语气助词。观省：观察反省。

㉞作：行动。稽：符合。中德：中正之德。

㉟羞：进贡。馈祀：助祭。

㊱乃：若。介：同“界”。限制。用逸：行逸，指饮酒。

㊲允：诚，真正。惟：是。

㊳若：善，赞美。元德：大德。㊴忘：被忘记。

译文

摄政王这样说道："我给卫国宣布昭明命令。你那尊敬的先父文王，在西方开创这个国家，他就早晚都经常告诫各邦国的庶士与少正以及办事人员说：'祭祀才能用酒。'上天降下命令，劝诫我们的老百姓，只有重大祭祀的时候才能喝酒。上天降下责罚，我们的老百姓大乱而丧失德行，也无非是因为酒造成的罪行；大小邦国的灭亡，也无非是酒造成的罪孽。

"文王告诫教导子孙和大小官员，不要经常喝酒；告诉各邦国诸侯，只有祭祀时喝酒，喝酒也要以不醉为准则。文王还告诉老百姓要教导他们自己的子孙要爱惜粮食，文王的用心是善意的。要牢记祖先的那些经常教训，发扬他们的大大小小的美德！

"小子，你要一心一意留在卫国，尽你的力量，使老百姓安心种植庄稼，奔走服侍他们的父辈和君长。努力牵着牛车，到远方做生意，孝顺和奉养他们的父母；他们的父母高兴了，做一些丰盛的食物，才能喝酒。

“众卿士、官员和各地方的长官，希望你们经常听从我的教导！你们要能够向你们的老人和君长进献食物，你们可以吃饱喝饱。我要告诉你们的是：你们要能够观察和反省自己，言行举止都要符合中正的美德。你们能够向国君进献食物，以有助于祭祀。你们如果限制自己喝酒和安逸的生活，就可以真正成为王室的办事大臣。这也是上天所嘉奖和赞美的大德之人，王室永远不会忘记你们。”

王曰：“封，我西土棐徂、邦君、御事、小子[①]，尚克用文王教，不腆于酒[②]，故我至于今，克受殷之命。”

王曰：“封，我闻惟曰[③]：在昔殷先哲王，迪畏天显小民[④]，经德秉哲[⑤]。自成汤咸至于帝乙[⑥]，成王畏相[⑦]。惟御事，厥棐有恭[⑧]，不敢自暇自逸，矧曰其敢崇饮[⑨]？越在外服[⑩]，侯、甸、男、卫邦伯；越在内服[⑪]，百僚、庶尹、惟亚、惟服、宗工[⑫]，越百姓里居，罔敢湎于酒。不惟不敢，亦不暇，惟助成王德显越[⑬]，尹人祗辟[⑭]。

“我闻亦惟曰：在今后嗣王酣身[⑮]，厥命罔显于民[⑯]，祗保越怨[⑰]，不易。诞惟厥纵[⑱]，淫佚于非彝[⑲]，用燕丧威仪[⑳]，民罔不衋伤心[㉑]。惟荒腆于酒，不惟自息乃逸[㉒]。厥心疾很[㉓]，不克畏死[㉔]。辜在商邑越殷[㉕]，国灭，无罹[㉖]。弗惟德馨香、祀登闻于天[㉗]，诞惟民怨[㉘]，庶群自酒[㉙]，腥闻在上。故天降丧于殷，罔爱于殷，惟逸[㉚]。天非虐，惟民自速辜[㉛]。”

注释

①棐：辅助。徂 cú：过去，以前。

②腆：丰厚。

③惟：有。

④迪：引导，教导。天显：即天命。

⑤经德：修德。秉哲：持。

⑥咸：通“覃”。延续。帝乙：商纣王的父亲。

⑦成王：成就王业。畏相：敬畏辅臣。

⑧有恭：恭敬。

⑨崇饮：指过量饮酒。

⑩外服：王畿之外的官员。

⑪内服：王畿之内的官员。

⑫百僚：百官。庶尹：众长。亚：次，副官。服：任事的官。宗工：宗室官员。

⑬显越：显扬。

⑭尹人：司法人员。祗辟：敬法，重视法律。

⑮后嗣王：指纣王。酣：畅饮。身：自身。

⑯显：明。

⑰祗：只。保：安。越：于。

⑱诞：大。惟：为。纵：放纵。

⑲佚 yì：放荡。非彝：不合法。

⑳燕：通“宴”。宴饮。丧威仪：丧失威仪。

㉑衋 xì：悲伤哀痛。

㉒息：止。逸：过失。

㉓疾很：恶毒，凶狠。

㉔不克畏死：不能畏之以死，即不怕死。

㉕辜：罪。

㉖无罹：不担忧。

㉗弗惟：没有。德馨：美德的香气。

登：升。

㉘诞：大。

㉙自酒：尽情饮酒。

㉚逸：淫逸。

㉛速：招致。

译文

摄政王说："姬封，我们西方以前的辅臣，以各诸侯国的国君和大臣们尚且都能听从文王的教导，不沉湎于饮酒。所以我们如今能够取代殷商的天命。"

摄政王说："姬封，我听说：昔日，殷商的先贤圣王能教导自己的大臣要敬畏天命和下民，修德明哲。因此从成汤到帝乙都能成就王业，敬畏辅相。这些大臣们很恭敬，都不敢自图安逸，何况还敢大肆饮酒？王畿以外的侯服、甸服、男服、卫服等的君主们，以及王畿之内的众多官员们没有敢于沉湎于饮酒的。不仅是不敢，而且也没有闲暇的时间去饮酒，他们只想去辅助成就王业和王德，并使其显著，并促使执法人员重视禁酒的法令。

"我还听说：今世的商纣王只贪图于畅快地饮酒，他的命令不被老百姓接受，却是安于民怨，而不能改变。他放纵和骄奢淫逸，不守常法，以整日的宴饮丧失了自己的威仪，老百姓没有不痛心的。他只荒淫和沉溺于饮酒，而不思停止这种安逸荒淫的生活。他的心肠变得凶狠，还不怕死。他的罪孽弥漫了整个殷都和殷国，国家将要灭亡，他却不担忧。在殷商，没有了美德的馨香和祭祀时的香气冲天，只有大大的民怨之声和众多酒徒饮酒时的腥气冲天。故而，上天要灭亡殷商，而不再垂爱于它了，只是因为殷商君臣的淫逸。这不是由于上天的残酷和暴虐，而是殷人自己招来的罪孽。”

王曰：“封，予不惟若兹多诰[①]。古人有言曰：‘人无于水监[②]，当于民监。’今惟殷坠厥命，我其可不大监抚于时[③]！予惟曰：汝劼毖殷献臣[④]，侯、甸、男、卫，矧太史友、内史友[⑤]，越献臣百宗工[⑥]，矧惟尔事[⑦]，服休服采[⑧]。矧惟若畴[⑨]，圻父薄违[⑩]，农父若保[⑪]，宏父定辟[⑫]。

“矧汝刚制于酒[⑬]！厥或诰曰[⑭]：‘群饮。’汝勿佚[⑮]，尽执拘以归于周[⑯]，予其杀[⑰]。又惟殷之迪诸臣[⑱]，惟工乃湎于酒，勿庸杀之[⑲]，姑惟教之[⑳]。有斯明享[㉑]，乃不用我教辞[㉒]，惟我一人弗恤[㉓]，弗蠲乃事[㉔]，时同于杀。”

王曰：“封，汝典听朕毖[㉕]，勿辩乃司民湎于酒[㉖]。”

注释

①惟：想。若兹：如此。

②监：通“鉴”。

③监抚：鉴看。

时：代指“殷坠厥命”。

④劼毖：告诫。献：通“贤”。

⑤矧：又。太史：史官，负责记事。

内史：史官，负责记言。友：同僚。
⑥越：与。百宗工：许多负责宗族事务的官员。
⑦尔事：你的治事官员。
⑧服休：负责君王起居饮食的近臣。
服采：负责朝祭的官员。
⑨若畴：你的三卿。
⑩圻父 qífǔ：古官名，掌封畿内军事。
薄：迫，讨伐。违：违抗，叛乱。
⑪农父：古官名，司徒的尊称。若：顺。保：养。
⑫宏父：古官名，即司空。辟：法度。
⑬矧：用作连词，另外。刚：强力。制：制止。
⑭或：有。诰：通“告”。报告。
⑮佚：放过。
⑯执拘：逮捕拘留。
⑰其：将要。
⑱迪：通由，辅佐。
⑲勿庸：不用。
⑳姑：姑且。
㉑斯：这样的。明享：明显的优待。
㉒不用：不听从，不可理喻。
㉓恤：怜惜。
㉔蠲 juān：免除，赦免。
㉕典：常。毖：告诫。
㉖辩：使。司民：治民的官员。

译文

摄政王说："姬封，我不想给你说那么多告诫。古人有句话说：'人不要用水当镜子，应当以人当镜子。'如今殷商毁掉了自己的天命，我们不可以不大大地以此为鉴啊！所以我说：你要努力劝诫殷商的贤臣，侯服、甸服、男服、卫服的诸侯们和他们的太史、内史们，殷商贤臣们的宗族官员，还有为你办事的属下，以及负责你起居饮食和朝祭的近臣们。管好你那三卿，负责讨伐抗旨不遵的圻父，负责保民与管理农业的农父，负责制定法律的宏父。

"另外你要强力管制饮酒！要是有人告诉你：'有人聚集饮酒。'你不要放过饮酒的人，把他们全部拘捕并押送到宗周王城，我将会杀了他们。还有，如果是殷人的旧臣或官员们沉湎于饮酒，不用杀他们，姑且先教育他们。如果在这样的优待之下，他们仍然不听从我的教导之辞，那我就不再怜悯他们，不会赦免他们了，这样的情况就等同于一律杀死他们。"

摄政王说："姬封，你要时常谨记我的告诫，不要使你的那些官员和百姓沉湎于饮酒之中。"

梓 材

题解

梓材是一种上等的木材，可用于制造器具。本篇用“梓材”二字作为篇名，意在比喻治国如同制作器具。这是一篇周公对康叔的诰辞，周公在诰辞中教导康叔如何治理殷民，以及勉励康叔要勤于政务。本篇在今、古文《尚书》中皆有。

王曰[①]：“封，以厥庶民暨厥臣[②]，达大家，以厥臣达王惟邦君[③]，汝若恒[④]，越曰[⑤]：‘我有师师。’司徒、司马、司空、尹旅曰：‘予罔厉杀人[⑥]。’亦厥君先敬劳[⑦]，肆徂厥敬劳[⑧]。

“肆往，奸宄杀人[⑨]，历人宥[⑩]；肆亦见厥君事[⑪]，戕败人宥。

“王启监[⑫]，厥乱为民[⑬]。曰：‘无胥戕[⑭]，无胥虐，至于敬寡[⑮]，至于属妇[⑯]，合由以容[⑰]。’王其效邦君[⑱]，越御事，厥命曷以[⑲]？引养引恬[⑳]。自古王若兹监，罔攸辟[㉑]！”

注释

①王：指摄政王周公。

②以：从。厥：这些。暨：与，和。

③惟：与。邦君：邦国的君长。

④恒：常，一如既往。

⑤越：于是。

⑥厉：残暴而滥杀无辜。

⑦敬劳：尊敬与慰劳。

⑧肆：尽，极。

⑨奸宄：犯法作乱的坏人。

⑩宥 yòu：宽容，饶恕。

⑪见：同“现”。君事：指为其君王做事，即做官。

⑫启：开启，开始。监：监督，这里指官员。

⑬乱为民：乱，指治理。乱为民是指为了治理百姓。

⑭胥：相，相互。

⑮敬寡：指敬养孤寡老人。

⑯属妇：即妾妇。

孔颖达《疏》：“以妾属于人，故名属妇。”

⑰合：都，全。由：用。容：宽容，宽恕。

⑱效：当为“教”。

⑲曷：何。

⑳引：使其长，即长期。养：养育。恬：安，恬静。

㉑攸：所。辟：同“避”。躲，设法躲开。

译文

摄王说:“姬封，要使贤者和小吏之中的良者都得到重用，以此众士卿的旨意传至大家,这是国君的职责。你要这样谨记，于是说:‘我有可以效法的准则。’司徒、司马、司空、尹旅等人也说:‘我不会暴虐杀人。’故知只有国君先谨慎地敬劳民，其大臣才会效法他。

“对于以往的那些犯上作乱的人，杀人的人，暴虐别人的人，都要宽恕；那些为前朝君王做事的人，残害和毁伤别人的人，也要宽恕。

“大王设立官员，这是为了治理老百姓。他说:‘不要相互残害，不要相互虐待，对于孤寡老人，对于妾妇，都要宽容对待。’大王教育诸侯君长和大臣是什么命令呢？是长期养民，长治久安。自古的君王都是这样的监督的，不要有所逃避！”

“惟曰①：若稽田②，既勤敷菑③，惟其陈修④，为厥疆畎⑤。若作室家⑥，既勤垣墉⑦，惟其涂塈茨⑧。若作梓材⑨，既勤朴斲⑩，惟其涂丹雘⑪。

“今王惟曰⑫：先王既勤用明德，怀为夹⑬，庶邦享作⑭，兄弟方来⑮。亦既用明德，后式典集⑯，庶邦丕享⑰。

“皇天既付中国民越厥疆土于先王⑱；肆王惟德用⑲，和怿先后迷民⑳，用怿先王受命。

“已㉑！若兹监㉒，惟曰：欲至于万年，惟王子子孙孙永保民。”

注释

①惟：思，想。

②稽：治理。

③敷：敷，布，指播种。菑 zī：指开荒拓土。

④陈修：指整修土地。

⑤为：作。疆：指土地的边界。

畎：田地之间排水的小沟。

⑥作：指建造。室家：房子。

⑦垣：矮墙。墉 yōng：城墙，或高墙。

⑧塈 jì：抹涂屋顶。茨：用茅或苇覆盖房子。

⑨梓材：优质的木材，这里是指用梓材制作的器具。

⑩朴斲 piáozhuó：砍削加工。

⑪丹雘 huò：红色颜料。

⑫王：指王家，王室。

⑬怀：归向，使降顺。夹：夹辅，辅佐。

⑭享：进贡。作：指为君王做事。

⑮兄弟：指兄弟之邦。

⑯后：君王。式：法式，典范。典：常。集：成。

⑰丕：大。享：受用。

⑱付：授，交付。中国：古代称中原地区的华夏族为中国。

越：与。

⑲肆：如今。

⑳和怿：使和悦。先后：辅导，辅助。

迷民：迷途之民。

㉑已：噫，表示感叹。

㉒若兹监：像这样来监理百姓。

译文

“要想着：就像种地，既已勤劳地播种和翻土，就要平整田地，划定疆界和修整水沟。就像造房子，既已勤劳地建好墙，就要用泥抹涂屋顶，用茅或苇覆盖房顶。就像用梓材制作器具，既已勤劳地砍削制作，就要用红色颜料涂刷外表。

“如今王室想：先王既已勤勉于彰明德行，使臣子顺服地辅佐他，众多邦国也来进贡和为王做事，兄弟之邦也来朝觐。也是因为彰显了德行才使得君王的典范形成，众多邦国大大地受用。

“皇天既已把中国百姓和疆土授予了先王；如今先王只有修德才能使殷商的迷途之民和悦，才能帮助他们，使他们心悦诚服地接受先王所受之命。

“噫！就像这样监理百姓。要想着：我们这样统治到万年不断，要使王的子孙万代都安养百姓。”

召诰

题解

召，是指召公奭。本篇主要内容涉及兴建洛邑的决策和实施过程，以及召公分析时局和总结历史教训，劝勉周成王修德勤政的诰辞。本篇在今、古文《尚书》中皆有。

成王在丰[①]，欲宅洛邑[②]，使召公先相宅[③]，作《召诰》。

注释

①丰：地名，在今陕西长安县境内，周文王时的都城。

②宅：这里用作动词，指居住。

③相宅：这里指勘察要建宫室的位置。

译文

周成王居住在丰，后来想到洛邑去居住，命令召公先去洛邑勘察建设宫室的地址和位置。史官记载此事，作了《召诰》。

（以上是《召诰》的序言）

惟二月既望[①]，越六日乙未[②]，王朝步自周[③]，则至于丰。

惟太保先周公相宅[④]。越若来三月[⑤]，惟丙午朏[⑥]。越三日戊申，太保朝至于洛，卜宅[⑦]。厥既得卜[⑧]，则经营[⑨]。越三日庚戌，太保乃以庶殷攻位于洛汭[⑩]。越五日甲寅，位成[⑪]。

若翼日乙卯[⑫]，周公朝至于洛，则达观于新邑营[⑬]。越三日丁巳，用牲于郊[⑭]，牛二。

越翼日戊午，乃社于新邑[⑮]，牛一，羊一，豕一。越七日甲子，周公乃朝用书、命庶殷侯、甸、男、邦伯[⑯]。厥既命殷庶，庶殷丕作[⑰]。

注释

①二月：成王七年的二月。

既望：阴历十六日，即月圆之后。

②越：过了。

③王：成王。步：走，出发。

周：指镐京，武王灭商之后的都城，在今西安市西南。

④太保：官名，即指召公奭。先周公：指在周公的前面。

⑤越若：句首语助词。来三月：接下来的三月。

⑥朏 fěi：新月初升，指阴历每月初三。

⑦卜宅：占卜预测所选择的住宅地址。

⑧得卜：即所卜之卦是吉利的。

⑨经营：指营建。

⑩以：率领。庶殷：众殷民。攻位：划定城内建筑物的各自位置。洛汭：洛水与黄河交汇之处。

⑪位成：位置得到确定。

⑫若：到。翼日：第二天。

⑬达观：通看。营：这里指建筑工地。

⑭用牲：杀牺牲，这里指祭祀。郊：这里指南郊之外。

⑮社：祭土神。

⑯书：册书。命：指命令营建洛邑。

⑰作：这里指动工建设。

译文

二月十六日后的第六天乙未日，成王一大早从镐京出发，到了丰。

太保召公在周公之前到达洛邑去勘察建造宫室的位置。接下来的三月初三丙午日，新月初生，三天后的戊申日，太保召公早晨到达了洛邑，对选好的地址进行了占卜。当得到吉利的卦象之后，就开始营建了。第三天庚戌日，太保于是率领众多殷人在洛水与黄河交汇处规划建筑的具体位置。第五天甲寅日，定下了位置。

第二天乙卯日，周公早晨到达了洛邑，于是把整个工地视察了一遍。第三天丁巳日，在南郊杀牲祭祀，用了两头牛。

又过两天到戊午日，在这个新都邑祭祀了土神，用了一头牛、一头羊和一头猪。到第七天甲子日，周公以书册的形式向众殷人及侯服、甸服、男服的诸侯们发布了营建洛邑的命令，对他们下达完命令之后，众多殷人就大规模开工建设了。

太保乃以庶邦冢君出取币[1]，乃复入锡周公[2]。曰[3]：“拜手稽首旅王[4]，若公诰告庶殷越自乃御事[5]。

“呜呼！皇天上帝改厥元子[6]，兹大国殷之命[7]。惟王受命，无疆惟休[8]，亦无疆惟恤[9]。呜呼！曷其奈何弗敬[10]？

“天既遐终大邦殷之命[11]，兹殷多先哲王在天，越厥后王后民[12]，兹服厥命[13]。厥终[14]，智藏瘝在[15]。夫知保抱携持厥妇子[16]，以哀吁天[17]，徂厥亡[18]，出执[19]。呜呼！天亦哀于四方民，其眷命用懋[20]。王其疾敬德[21]！

“相古先民有夏[22]，天迪从子保[23]；面稽天若[24]，今时既坠厥命[25]。今相有殷，天迪格保[26]，面稽天若，今时既坠厥命。今冲子嗣[27]，则无遗寿耇[28]，曰其稽我古人之德，矧曰其有能稽谋自天！”

注释

①以：率领。冢君：大君。币：玉和帛之类的礼物。

②锡：通“赐”。给。

③曰：召公说。

④拜手稽首：跪拜叩首。旅：陈述。

⑤若：顺着。公：周公。

自乃御事：从其治事官员以上。

⑥元子：即指天子。

⑦兹：通“止”。终止。

⑧无疆：无止境。休：吉祥。

⑨恤：忧患。

⑩曷其奈何：犹如今天的"怎么""怎么能"，这里是同义复用，为了加强反问句的语气。

⑪遐：永远。

⑫越：与。厥：其。

⑬服厥命：服从这个被灭亡之命。

⑭厥终：殷商灭亡之后。

⑮智：有智慧的人。瘝：病，这里是指无用之人。

⑯夫：代指那些人。保：护。妇子：老婆、孩子。

⑰吁：呼告。

⑱徂厥亡：指逃亡。徂，去，往。亡，逃亡。

⑲出执：指逃离被捕的困境。出，走出，逃离。执，被抓，被捕。

⑳眷：眷顾，关注。懋：劝勉，勉励。

㉑疾：速，赶快。

㉒相：观察。有夏：有，名词词头，无义；有夏即指夏朝人。

㉓迪：教导。从：做，行动。

子保：犹指像对待儿子一样地保护百姓。

㉔面：向。稽：考查。

㉕坠：丧失。

㉖格保：嘉保。

㉗冲子：幼子，指成王。

㉘遗：留下来。寿耇：年纪大、有经验的老人。

译文

太保召公于是带领各邦国的诸侯们取出礼品，再次进来送给了周公。召公说：“顿首叩拜，向大王禀报，我已经把周公您的告诫转告给众多殷人和他们的御事以上的众多官员了。

“啊！皇天上帝改换了他的大儿子，终结了那个大国殷商的福命。由我们大王接受天命，这是无限的嘉奖与荣耀啊，也带来无限的忧患。唉！怎么能不恭敬谨慎呢？

“上天永远终结大国殷商的天命，如今殷商的那些在天上的先贤圣王们和他们的后王后民们都已经认命了。他们失去天命以后，有智慧的人都隐居了，只有那些没用的人还在位。那些殷人怀抱孩子、携带老婆向上天哀呼，他们准备逃亡，以免被抓捕。唉！上天也怜悯天下的老百姓，用勉励的方式眷顾他们。大王要赶快施行德政啊！

“看看古代的夏朝的老百姓，上天教导他们要爱民如子；他们努力揣测天意，如今还是失去了天命。现在看看殷商，上天教导他们嘉保其民；他们也努力揣测天意，如今也失去了天命。现今，我们的成王继承王位，都没有老人给他考察和讲述我们古人的美德，何况还怎么能够去考查上天的智谋呢？”

“呜呼！有王虽小，元子哉！其丕能諴于小民[①]。今休[②]：王不敢后[③]，用顾畏于民碞[④]；王来绍上帝[⑤]，自服于土中[⑥]。

“旦曰[⑦]：‘其作大邑，其自时配皇天[⑧]，毖祀于上下[⑨]，其自时中乂[⑩]；王厥有成命治民[⑪]。’今休：王先服殷御事[⑫]，比介于我有周御事[⑬]，节性惟日其迈[⑭]。”

注释

①丕：大，非常。諴 xián：和谐。

②休：美善，指好的现象。

③后：迟缓。

④民碞 yán：碞，僭越，超越本分；民碞是指民心不齐。

⑤绍：继承。

⑥服：治理。土中：指洛邑。

⑦旦：周公。

⑧自时：自此，指从洛邑开始。

配皇天：祭天时用周的祖先配天受祭。

⑨毖：谨慎。上下：天地。

⑩乂：治理。

⑪成命：天命。

⑫服：使其臣服。

⑬比：靠近。介：介入，居其中。

⑭节性：节制性情。惟：乃。迈：进。

译文

“啊！大王虽然年纪小，但他是天子啊！他非常有能力使得这帮小民和谐相处。如今，一个很好的现象是：大王不敢有丝毫懈怠和迟缓，因为顾念和畏惧民心不齐，所以为了继承上帝之命，亲自来到洛邑忙于政务。

“周公说：‘建这一座大的城池，从这里以周人祖先来配享皇天，谨慎祭祀天地神灵，从这里开始治理天下；大王拥有上天所授予的天命来治理老百姓。’如今一个好的现象是：大王首先使那些殷商的治事官员臣服于周，使其成为我周朝官员中的一员，节制他们的性情要随着时间慢慢来。”

“王敬作所不可不敬德。我不可不监于有夏[①]，亦不可不监于有殷。我不敢知曰[②]：有夏服天命，惟有历年[③]；我不敢知曰：不其延[④]，惟不敬厥德[⑤]，乃早坠厥命。我不敢知曰：有殷受天命，惟有历年；我不敢知曰：不其延，惟不敬厥德，乃早坠厥命。今王嗣受厥命[⑥]，我亦惟兹二国命[⑦]，嗣若功[⑧]。

“王乃初服[⑨]。呜呼！若生子[⑩]，罔不在厥初生，自贻哲命[⑪]。今天其命哲[⑫]，命吉凶，命历年；知今我初服，宅新邑[⑬]。肆惟王其疾敬德[⑭]！王其德之用，祈天永命。

“其惟王勿以小民淫用非彝[⑮]，亦敢殄戮用乂民[⑯]，若有功[⑰]。其惟王位在德元[⑱]，小民乃惟刑用于天下[⑲]，越王显[⑳]。上下勤恤[㉑]，其曰：我受天命，丕若有夏历年[㉒]，式勿替有殷历年[㉓]，欲王以小民受天永命[㉔]。”

注释

①监于有夏：以有夏为鉴。

②我不敢知曰：我不敢说。

③历年：多年。

④其：代词，代指有夏的天命。延：延长。

⑤惟：因为。

⑥嗣：继承。

⑦我亦惟兹二国命：我们也要借鉴这两个国家国运变化的教训。

⑧若：其，他们。

⑨初服：开始服天命。

⑩生子：教养孩子。

⑪贻 yí：赠给，这里指传授。哲：智。

⑫命：定。

⑬宅：居住。

⑭肆：故，所以。惟：希望。

⑮其惟：希望。淫：过度。彝：常。

⑯亦：而。殄：灭。用：以。

⑰若：这样。

⑱位：立。元：首。

⑲刑：通“型”。以……为典型而效法。

⑳越：发扬。显：光显。

㉑上下：指君臣。

㉒若：像。

㉓式：语首助词。替：止。

㉔以：率领。

译文

"大王能恭敬认真地处理政务，也不可以不敬德、修德啊！我们不能不以夏代为鉴，也不能不以殷商为鉴。我不敢说自己知道：夏代受天命会很长。我不敢说自己知道：他的天命不长，是因为不敬德，才过早地丧失他的天命的。我不敢说自己知道：殷商受天命会很长，我不敢说自己知道：他的天命不长，是因为不敬德，才会过早地丧失他的天命。如今我们大王继承天命，我们应该以这两国国运变化为鉴，继承他们的功业。

"大王是刚刚接受天命。唉！这就好比养育孩子，做父母的没有不在他年幼的时候就亲自传授他知识和智慧的。如今，上天已经命定了他的智慧，命定了吉凶，命定了其福命的年数；上天知道我们大王是刚刚受命，刚刚住到新都邑，故而我们大王应该赶快敬德、行德政。大王若能敬德，就能祈求到永久的天命。

"希望我们大王不要因为老百姓有过多的不法行为就以杀戮的方法去治理他们，而觉得那样做好像就有成绩。希望大王将德放在首位，于是老百姓就会效法，也就会在全天下传开，这是大王的德行彰显。君臣上下都要勤勉政务，体恤百姓。要这样说：我们所受天命像夏代那样长，不会像殷商那样短，希望我们大王率领老百姓接受天命。"

拜手稽首，曰：“予小臣[①]，敢以王之雠民百君子[②]，越友民[③]，保受王威命明德[④]。王末有成命[⑤]，王亦显[⑥]。我非敢勤[⑦]，惟恭奉币[⑧]，用供王能祈天永命[⑨]。”

注释

①予小臣：召公谦称。

②雠民：即殷遗民。百君子：指殷的众位官员。

③友民：顺从周的臣民。

④保：安。

⑤末：终。成命：定命。

⑥显：显赫。

⑦勤：慰劳。

⑧奉：奉上。币：玉、帛之类的礼品。

⑨用：以。供：进献。祈天：向天祈祷。

译文

召公顿首跪拜，说：“小臣我带领殷商的众多官员和我们的那些友民，安然接受大王那威严的命令和明德，大王最终会享有永久的天命，也会显赫的。我不敢接受大王的慰劳，只有恭敬地送上这些礼品，用来供给我们大王去祈祷上天的永久授命。”

洛诰

题解

本篇内容是当时史官记载周公和成王的三次对话。三次对话都和治理洛邑有关，故称“洛诰”。第一次是成王派遣使者到洛邑向周公传达诰命，第二次是在镐京，第三次是在洛邑，最终成王命令周公前去治理洛邑。本篇在今、古文《尚书》中皆有。

召公既相宅①，周公往营成周②，使来告卜③，作《洛诰》。

注释

①相宅：勘察和选择建筑物的方位。

②营：营建。

③告卜：报告占卜的结果。

译文

召公勘察和选择建筑物的具体方位和地址之后。周公前往成周负责营造洛邑，并且派人向成王报告占卜的结果。史官记载此事，作了《洛诰》。

（以上是《洛诰》的序言）

周公拜手稽首曰："朕复子明辟[①]。王如弗敢及天基命定命[②]，予乃胤保[③]，大相东土[④]，其基作民明辟[⑤]。

"予惟乙卯[⑥]，朝至于洛师[⑦]。我卜河朔黎水[⑧]，我乃卜涧水东、瀍水西[⑨]，惟洛食[⑩]；我又卜瀍水东，亦惟洛食。伻来以图及献卜[⑪]。"

王拜手稽首曰："公不敢不敬天之休[⑫]，来相宅，其作周匹[⑬]，休！公既定宅，伻来来，视予卜[⑭]，休，恒吉[⑮]。我二人共贞[⑯]。公其以予万亿年敬天之休[⑰]！拜手稽首诲言[⑱]。"

注释

①复：还，恢复。子：您，指成王。明辟：明君。

②及：接受。基：原始的，本来的。

③胤：继。保：保护。

④大相东土：辅助成王治理东土。

⑤其：希望。基：开始。

⑥乙卯：即上篇所提到的成王七年三月十二日。

⑦洛师：即洛邑。

⑧河朔：黄河的北岸。黎水：卫河和淇水合流后的一段河流叫黎水，在今河南浚县东北。

⑨涧水：洛水的支流，从洛阳西南流入洛水。
瀍水：洛水支流，从洛阳东流入洛水。

⑩惟：仅。食：指吉兆。

⑪伻 bēng：使，派遣。图：谋。

⑫休：美好。

⑬作周匹：作周使之得配天命。

⑭视予卜：把占卜的结果拿给我看。

⑮恒吉：永远吉祥。

⑯贞：通“正”。当。

⑰其：希望。

⑱诲：教诲。

译文

周公顿首跪拜，说道：“我将要恢复你的明君之位。大王如果不敢接受上天原先就定下的天命，我就还会继续辅助您，大规模治理东土，希望您还是作百姓的明君吧！

“我是在三月十二日早晨到达洛邑的。我卜问了黄河北岸的黎水，以及涧水以东、瀍水以西，发现只有洛邑的卦象吉利；我接着又卜问了瀍水以东，结果还是唯独洛邑最吉利。现在派人回来把图和占卜的结果献给大王您。”

成王顿首跪拜，说道：“周公您不敢不尊敬上天的赞美，来勘察和选择建设都城的地址，使之得配天命。好啊！您已经选择好了建筑的具体方位，还派人把图纸送来，那就呈上来，让我看看。这将会永远吉利，让我们共享这个吉利的征兆。希望您能带领我们所有人敬重上天的嘉奖与福佑！我顿首跪拜，接受您的教诲了。”

周公曰：“王肇称殷礼[1]，祀于新邑，咸秩无文[2]。予齐百工[3]，伻从王于周[4]。予惟曰[5]：‘庶有事[6]。’今王即命曰[7]：‘记功，宗以功作元祀[8]。’惟命曰[9]：‘汝受命笃弼[10]，丕视功载[11]，乃汝其悉自教工[12]。’

“孺子其朋[13]，孺子其朋，其往！无若火始焰焰[14]，厥攸灼叙[15]，弗其绝。厥若彝及抚事如予[16]，惟以在周工往新邑[17]。伻向即有僚[18]，明作有功[19]，惇大成裕[20]，汝永有辞[21]。”

注释

①肇：开始。称：举行。殷礼：殷商的礼仪。

②咸：都。秩：通“质”。实质性的。殷礼崇尚质朴无华。文：文采，重视外表的华丽，而不重实质。

③齐：召集到一起。④从：跟随。周：指镐京。

⑤惟：只是。⑥庶：可能，大概。事：指祭祀。

⑦即：就。⑧宗：宗人，管礼乐的官。元祀：大祀。

⑨惟：又。⑩笃：忠诚。弼：辅佐。

⑪丕：大。功载：功劳簿。⑫乃：于是。悉：尽心。

⑬孺子其朋：孺子，指成王。句意为：大王您要谨慎对待朋党。⑭焰焰：火势微小的样子。

⑮攸：所。灼：烧。叙：通“绪”。蔓延。

⑯若彝：符合法律。抚事：遇事，处事。

⑰以：率领。周工：在镐京的官员。新邑：指洛邑。

⑱有僚：有，名词词头，指官僚。⑲明：明确。

⑳惇大：敦厚宽大，这里指功劳高。裕：丰，多。

㉑辞：赞美之辞。

译文

周公说："大王开始使用殷商的礼仪在新建的洛邑举行祭祀，全部都是实质性的礼仪，而没有虚美华丽的成分。我召集整齐了众多官员，让他们跟随大王从宗周镐京出发，我只是对他们说：'可能要有祭祀。'如今大王下令说：'记下他们的功劳，宗人将会让有功劳的人参与盛大的祭祀。'

"大王您又对我命令道：'你受命忠诚地辅佐我，要非常认真地检查他们的功劳簿，然后希望你能亲自去悉心教导这些官员。'

"大王您要谨慎对待朋党啊，大王您要谨慎对待朋党啊，去吧！对待朋党，不要使他们像火焰一样：刚开始还微弱，等它蔓延开了，就灭不了。让他们像我一样遵守法律和处理事务，只有率领宗周镐京的官员去新建的都邑，让他们接近那里的同僚，明确自己的任务是要建立功业，他们的功劳又高又多的时候，你也会永远享有百姓的美誉的。"

公曰："已①！汝惟冲子惟终②。汝其敬识百辟享③，亦识其有不享。享多仪④，仪不及物，惟曰不享⑤。惟不役志于享⑥，凡民惟曰不享，惟事其爽侮⑦。乃惟孺子颁⑧，朕不暇听。

"朕教汝于棐民彝⑨，汝乃是不蘉⑩，乃时惟不永哉⑪！笃叙乃正父⑫，罔不若予，不敢废乃命⑬。汝往，敬哉！兹予其明农哉⑭！彼裕我民⑮，无远用戾⑯。"

注释

①已：叹词，唉。②惟：是。冲子：童子。

③识：了解。百辟：众多诸侯。享：进献的礼物。

④多仪：重视礼仪。仪不及物：指礼物挺多，但礼仪却很少。

⑤惟曰：只能叫做。⑥役志：用心。

⑦爽：差错。侮：轻慢。⑧颁：颁布，指颁布法令。

⑨于：以。⑩乃：若。蘉 máng：勤奋努力。

⑪乃：于是，就。时：同“是”。代指国运。永：长久。

⑫笃：忠实，认真。叙：追叙。正父：指成王的父亲周武王。

⑬废：废弃。⑭明农：劝农，指鼓励发展农业。

⑮彼：代指农业，农事。裕：使富裕。

⑯无远：无论多远。戾 lì：至，来到。

译文

周公说：“唉！你还是个年轻人啊，你要懂得御诸侯之道。希望你能认真了解众多诸侯所进献的那些礼物，同时也要了解那些不进献的。进献要附加很多礼仪的，如果礼仪少于物品，只能说他们是没进献。如果你对他们的进献心不在焉，那么所有的臣民都会觉得不如不进献，于是你的政务就会出现差错和受到轻慢。所以，你自己要去颁布这方面的法令，我是没空闲过问这些事情了。

“我教给你怎么样去辅成教化百姓，你要是对这件事不尽心，那么你就不会有永久的天命啊！认真追述你父王的事迹，就像我一样，不敢废弃天命。你去洛邑，要恭敬谨慎啊！我在这里鼓励发展农业！农业可以使我们百姓富裕，这样的话，无论多远，人们都会来归顺我们。”

王若曰："公！明保予冲子[1]。公称丕显德[2]，以予小子扬文、武烈[3]，奉答天命，和恒四方民[4]，居师[5]；惇宗将礼[6]，称秩元祀[7]，咸秩无文。惟公德明光于上下[8]，勤施于四方。旁作穆穆迓衡[9]，不迷文、武勤教[10]，予冲子夙夜毖祀[11]。"

王曰："公功棐迪[12]，笃罔不若时[13]。"

注释

①明：英明。

②称：发扬。丕显：大而显著。

③以：率领。扬：发扬。烈：功业。

④和恒：和顺安定。

⑤师：即洛邑。

⑥惇宗将礼：即指尊重礼仪。

⑦称：举行。秩：安排。元祀：大祀。

⑧明光：明亮光照。上下：天地。

⑨旁：普遍。穆穆：端庄恭敬。迓衡：迎接太平之政。

⑩文武：文王和武王。

⑪毖：谨慎。

⑫功：有功。棐迪：辅佐和教导。

⑬笃：忠厚。罔不：没有不。

若：像。时：同"是"。指周公的功劳。

译文

成王是这样说的："周公！你英明地保护我这个年轻人。你发扬你那博大而显著的德行，带着我发扬文王和武王的功业，以答复上天之命，使四方的百姓和顺安定地居住在洛邑；我将尊重礼仪，举行盛大祭祀，礼仪只保留实质的东西，而去掉那些虚华的外表。希望你的美德能照耀天地，你勤劳的措施能施行于四方。我们要广泛做到以端庄恭敬的姿态迎接太平之政，不迷失文王和武王的那些勤勉的教诲，我这个年轻人要无论早晚都去重视祭祀。"

成王说："周公你辅佐和教导我，是有大功的；忠厚的人都是像你这样的。"

王曰："公！予小子其退①，即辟于周②，命公后③。四方迪乱未定④，于宗礼亦未克敉⑤，公功迪将⑥，其后监我士师工⑦，诞保文武受民⑧，乱为四辅⑨。"

王曰："公定⑩，予往已⑪。公功肃将、祗欢⑫，公无困哉！我惟无斁其康事⑬，公勿替刑⑭，四方其世享⑮。"

注释

①退：退回镐京。

②即辟：就君位。周：镐京。

③后：在后面去，即指暂时继续留在洛邑。

④迪：教导。乱：治理。

⑤宗礼：祭祀宗庙的典礼。敉 mǐ：定。

⑥功：指周公需要做的事情。将：指挥带领。

⑦监：监督。士、师、工：各级官员。

⑧诞保：大力治理。受民：所受之民。

⑨四辅：官名，相传古代天子身边的四个辅佐。

⑩定：留下来。

⑪往：往镐京。已：矣。

⑫肃：严肃。将：行。祇欢：恭敬欢悦，指敬和殷民的事。

⑬斁 yì：懈怠。康事：指镐京的政务。

⑭替：废止。刑：刑法。

⑮享：进献，朝贡。

译文

成王说："周公！我要回去了，回到镐京的君位上了。周公你就暂时留在洛邑，晚些日子再回去吧。对四方百姓的教导和治理还没有完成，祭祀宗庙的典礼也没能够定下来，周公你的任务就是指导和带领他们去做事，然后再监督一下我们的各级官员，大力治理文王和武王所承受的殷商遗民，好好治理，做好你的辅佐之责吧。"

成王说："周公留下，我要走了。你的任务是严肃领导他们，以及想办法使殷民变得恭敬和欢悦，你不要强留！我回去也不会懈怠镐京的政务的，你不要废弃刑法，天下四方将会世世代代来朝觐的。"

周公拜手稽首曰："王命予来，承保乃文祖受命民，越乃光烈考武王弘[①]，朕恭[②]。孺子来相宅[③]，其大惇典殷献民[④]，乱为四方新辟[⑤]，作周恭先[⑥]。曰[⑦]：'其自时中乂，万邦咸休[⑧]，惟王有成绩。予旦以多子越御事，笃前人成烈[9]，答其师[10]，作周孚先[11]。’考朕昭子刑[12]，乃单文祖德[13]。

“伻来毖殷[14]，乃命宁予以秬鬯二卣[15]。曰：‘明禋[16]，拜手稽首休享。’予不敢宿[17]，则禋于文王、武王。‘惠笃叙[18]，无有遘自疾[19]，万年厌于乃德[20]，殷乃引考[21]。’王伻殷乃承叙万年[22]，其永观朕子怀德[23]。”

注释

①越：与。光：英明。烈：功业。弘：大，宏大。

②恭：恭敬地执行。

③相宅：视察洛邑建设的进展。

④惇典：给予很厚的礼仪和恭敬。献：贤人。

⑤乱：治。辟：法。

⑥作：兴起。恭先：以恭敬为先。

⑦曰：周公引述自己曾经说过的话。

⑧休：美，善。

⑨笃：忠诚于。前人成烈：指前人成就的事业。

⑩答：报答。师：众人。

⑪孚：信。

⑫考：考察，参考。昭：明示。刑：通“型”。模式。

⑬单：大，光大。

⑭伻：使者。毖：慰劳。

⑮秬鬯 jùchàng：古代以黑黍和郁金香草酿造的酒，用于祭祀降神及赏赐有功的诸侯。卣：古代一种盛酒的器具，口小腹大，有盖和提梁。

⑯明禋 yīn：洁敬。指明洁诚敬地献享，这里表现了成王以事神之礼对待周公。

⑰宿：留下。

⑱惠：惟。笃：厚，大。叙：顺。

⑲无有：没有人。遘：遇，遭受。疾：疾苦。

⑳厌：饱。

㉑乃：能够。引考：延长寿命。

㉒承叙：承顺。

㉓朕子：指成王。怀：关怀人民。

译文

周公顿首跪拜说："大王命令我来洛邑，继续保护你的祖父文王受天命而拥有的百姓，以及你的父亲武王那宏伟的功业，我恭敬地来执行了。大王你来视察洛邑的建设，希望你能给予殷商的贤士和百姓以很厚的礼仪和足够的恭敬，作为治理洛邑四周地区的新典章，兴旺周室就要以恭敬为先。我曾经说过：'从洛邑这个天下的中心去治理四方，所有的邦国都会被治理好，大王也会成就功绩的。我姬旦率领众多官员为大王做事情，忠实于前人已经成就的事业，以此来回报洛邑的人民，兴旺周室要以诚信为先。'参考我明示给你的那些典范，就能发扬光大你祖父文王的功德。

"大王派遣使者来殷商故地慰劳，命使者以两卣美酒来向我问安。使者还说：'像明洁诚敬地祭祀一样给你进献礼品，下跪接受这美好的礼品吧。'我不敢留下这礼品，于是就作为给文王和武王祭祀的礼品用了。'以恩惠和忠实之心去承续殷商遗民，使所有人都不遭受疾苦，他们会永远满足于大王之德，而且殷商故地也能延续下去。''大王使殷商故地延续万年，这里的人民就会永远都看着大王那关怀人民的德行。'"

戊辰[1]，王在新邑烝[2]，祭岁[3]，文王骍牛一[4]，武王骍牛一。王命作册逸祝册[5]，惟告周公其后。王宾杀禋咸格[6]，王入太室[7]，祼[8]。王命周公后，作册逸诰[9]，在十有二月。惟周公诞保文武受命[10]，惟七年[11]。

注释

①戊辰：戊辰日，即十二月三十日。

②烝 zhēng：冬祭的名称。

③祭岁：祭祀新年。

④骍 xīng：泛指红色。

⑤作册：官名，指史官。逸：人名。祝册：向神灵宣读册书。

⑥王宾：王的宾客。杀：杀牲。禋：祭祀。格：来到。

⑦太室：太庙中央之室，亦指太庙。

⑧祼 guàn：一种祭祀的名称，把酒浇灌到地上。

⑨诰：昭告。

⑩诞保：大力治理。

⑪惟七年：成王即位的第七年。

译文

戊辰日那天，成王在新都洛邑举行冬祭，祭祀新年，分别各用一头红色的牛祭祀文王和武王。成王命令史官逸向神灵宣读册书，内容是关于周公继续留在洛邑的事情。成王的宾客们在成王杀牲祭祀的时候都来到了，成王进入太室，把祭祀的酒撒在地上。成王命令周公继续留在洛邑，并作了册书向诸侯们宣告，这件事是在十二月发生的。周公继续大力治理文王和武王所受命的天下，这是在成王七年。

多　士

题解

多，众多；士，士人，指各级官员；多士是指殷商旧臣。周公东征以后，兴建了洛邑，并加强了对东方的统治，尤其是强化了对殷商故地的控制力度，为了分化殷商残余势力，便将殷商遗民迁往新都洛邑。本篇内容就是周公对殷商旧臣发布的诰命，意在告诫他们要顺应天命，服从周人的统治。本篇在今、古文《尚书》中皆有。

成周既成①，迁殷顽民②，周公以王命诰③，作《多士》。

注释

①成周：以洛邑为中心的地区。在今河南省洛阳市附近。

②顽民：顽固不化的殷商遗民，不服从周人统治，被迁徙至新建的洛邑。

③诰：古代帝王对臣子的命令。

译文

成周建成以后，就把殷商遗民中的那些顽固不化的人迁移到这里，然后周公受成王之命向他们做了告诫，史官记载此事，作了《多士》。

（以上是《多士》的序言）

惟三月[①]，周公初于新邑洛，用告商王士[②]。

王若曰："尔殷遗多士！弗吊旻天[③]，大降丧于殷[④]。我有周佑命[⑤]，将天明威[⑥]，致王罚[⑦]，敕殷命终于帝[⑧]。肆尔多士[⑨]！非我小国敢弋殷命[⑩]。惟天不畀允罔固乱[⑪]，弼我[⑫]，我其敢求位[⑬]？惟帝不畀，惟我下民秉为[⑭]，惟天明畏[⑮]。

"我闻曰：'上帝引逸[⑯]。'有夏不适逸[⑰]，则惟帝降格[⑱]，向于时夏[⑲]。弗克庸帝[⑳]，大淫泆有辞[㉑]。惟时天罔念闻[㉒]，厥惟废元命[㉓]，降致罚[㉔]；乃命尔先祖成汤革夏，俊民甸四方[㉕]。

"自成汤至于帝乙，罔不明德恤祀[㉖]。亦惟天丕建保乂有殷[㉗]，殷王亦罔敢失帝[㉘]，罔不配天其泽[㉙]。在今后嗣王[㉚]，诞罔显于天[㉛]，矧曰其有听念于先王勤家[㉜]？诞淫厥泆，罔顾于天显民祇[㉝]，惟时上帝不保，降若兹大丧。

"惟天不畀不明厥德，凡四方小大邦丧，罔非有辞于罚[㉞]。"

注释

①惟：语气词，无义。三月：成王亲政当年三月。

②用：因此。商王士：殷商的大臣。

③弗吊：不善。旻 mín 天：苍天。④丧：灭亡。

⑤佑命：佑助天命。⑥将：奉行。⑦致：实行。

⑧敕殷命：指上天对殷商的天命。终于帝：被天帝终绝了。

⑨肆：如今。

⑩弋：取代。小国：周公称呼周为小国，这是谦称。

⑪惟：是。畀bì：给予。允罔固乱：相信诬罔作乱的人。

⑫弼：辅助。⑬其：岂。位：王位。

⑭秉为：秉承上天旨意而作出的行为。

⑮惟天明畏：只有上天能彰显其威严。

⑯引：收敛，制止。逸：淫逸。

⑰适：适当，这里指不节制，不合度。

⑱格：通“诰”。教令。⑲向：袒护。时：这。

⑳弗克：不能够。庸：用，用命，指听从天帝的教令。

㉑淫：游。泆：通“逸”。乐。有：又。辞：可指摘的罪过。

㉒惟时：因此。念：顾念。

㉓厥：指上天。元命：大命，指国运。

㉔致：至，到。㉕俊民：杰出人才。甸：治。

㉖恤：忧虑。㉗丕：大。建：立。保乂：安治。

㉘罔敢失帝：不敢违失天意。㉙配：被，受。泽：恩泽。

㉚后嗣王：指纣王。㉛诞：大。罔显于天：不明于天。

㉜矧：何况。听念：听从、顾念。勤家：为家国勤劳。

㉝天显：指天命。祗：通“哉”。

㉞有辞：有说辞，这里是指有原因。

译文

三月，周公第一次在新都城洛邑，代替成王向殷商故地的旧臣发布告诫。

王这样说道：“你们众多的殷商旧臣，不和善的上天给殷商降下了亡国之祸。我周人受天命佑助，奉天命彰显威严，施行上天的惩罚，从天帝那里终结殷商的天命。如今你们这些旧臣要明白，不是我周人小国胆敢取代殷商的天命。是上天不相信那些诬罔作乱的人，是上天保佑辅助我们周人啊，我们周人自己岂敢谋求王位？是上天不帮助殷商，我们周人只是秉承天意而行；只有上天才能显露出他的威严。

“我听说：天帝要制止贪图安逸的行为，夏桀安逸无度，于是天帝降下教令，是为了劝诫夏桀。但夏桀却不能听从天帝之命，荒淫无度，世人对他皆有恶辞。因此，天帝不再顾念夏人了，并断绝了夏国的国运。上天降下惩罚，并命令你们的祖先成汤革去了夏国的天命，使杰出的人去治理四方。

“从成汤到帝乙，没有不明于德，而忧虑祭祀的，也是上天要大力建立和治理好殷商。殷商的大王们也不敢违背天帝之命，他们没有不受到上天的恩泽的。而到了商纣王，他大不明于天，何况说能听命和顾念先王，以及勤于国家政务？他大肆淫逸，不顾天威和老百姓的疾苦。因此，天帝不保佑殷商，才降下如此大祸。

“上天不授大命给那些不明德的人，凡是天下小国或大国的灭亡，上天对其惩罚都是有原因的。”

王若曰：“尔殷多士，今惟我周王丕灵承帝事[①]，有命曰：‘割殷[②]，告敕于帝。’惟我事不贰适[③]，惟尔王家我适[④]。予其曰惟尔洪无度[⑤]，我不尔动[⑥]，自乃邑[⑦]。予亦念天即于殷大戾[⑧]，肆不正[⑨]。”

王曰：“猷[⑩]！告尔多士，予惟时其迁居西尔[⑪]，非我一人奉德不康宁[⑫]，时惟天命[⑬]。无违，朕不敢有后[⑭]，无我怨。

“惟尔知，惟殷先人有册有典[⑮]，殷革夏命。今尔又曰：‘夏迪简在王庭[⑯]，有服在百僚[⑰]。’予一人惟听用德[18]；肆予敢求尔于天邑商[19]，予惟率肆矜尔[20]。非予罪，时惟天命。”

注释

①周王：武王。丕：大。灵：善。承：承接，接受。

②割：灭杀。③事：指攻打殷商的事。

④惟：只。王家：殷王室。⑤洪：大。无度：无法度。

⑥我不尔动：即我不动尔。动动乱。

⑦乃邑：你们自己的封邑。⑧念：顾念。戾：罪。

⑨正：正罪，治罪。⑩猷：叹词。

⑪惟时：因此。其：乃。迁居西尔：即迁尔居西，洛邑在殷商故地的西边，所以这里是指迁居到洛邑。

⑫奉德：秉性。康宁：安宁。⑬时：这。惟：为。

⑭后：迟缓。⑮册：简册。典：典籍。

⑯迪：进入。简：选择。⑰服：事，任职。百僚：百官。

⑱听：听从。用：任用，采纳。德：有德的人。

⑲肆：因此。求：招来。天邑：大邑。⑳率：一律都。矜：怜悯。

译文

王这样说道：“你们众多殷商旧臣们，如今我们周王大发慈悲，接受天帝的命令去做事。天帝命令说：‘灭杀殷商，并报告我。’我们讨伐殷商不涉及别的邦国、不以你们为敌，只去攻打殷商王室。依我说，你们太张扬而目无法度，我没有扰动你们，动乱起于你们自己封邑。我念在上天已经给殷商降下大罪，因此就不再治你们的罪了。”

王说：“唉！告诉你们这些人，我因此要把你们迁到西边的洛邑，不是我秉性不安静，这都是天命。不要违背天命，我不敢迟缓这件事，你们也别怨我。

“你们是知道的，只有殷商的先人们有简册和典籍，上面记载殷商革除夏国的国运。如今你们又会说：‘当年夏代的遗民和旧臣也被选进殷商的朝廷中，在百官中做事，为殷商服务。’我只选出和任用有德之人，所以我敢于把你们从殷商的大都邑那里迁移过来，我对你们一律表示同情和怜悯。不要怪罪我，这也是天命。”

王曰：“多士，昔朕来自奄①，予大降尔四国民命②。我乃明致天罚，移尔遐逖③，比事臣我宗多逊④。”

王曰：“告尔殷多士，今予惟不尔杀⑤，予惟时命有申⑥。今朕作大邑于兹洛，予惟四方罔攸宾⑦，亦惟尔多士，攸服奔走臣我多逊⑧。

“尔乃尚有尔土⑨，尔乃尚宁干止⑩。尔克敬，天惟畀矜尔⑪；尔不克敬，尔不啻不有尔土⑫，予亦致天之罚于尔躬！

“今尔惟时宅尔邑⑬，继尔居⑭；尔厥有干有年于兹洛⑮。尔小子乃兴⑯，从尔迁。”

王曰：“又曰时予⑰，乃或言尔攸居⑱。”

注释

①奄：古国名，于周公东征时被灭。

②四国：这里是指管、蔡、商、奄。③遐逖：远方，指四国。

④比：近。事：服侍。宗：宗族。逊：恭顺。

⑤不尔杀：即不杀尔，不杀你们。

⑥时：这个。有，又。申，重复。

⑦惟：以，由于。四方：四方诸侯。攸：所。宾：朝贡。

⑧逊：顺利，方便。⑨尚：犹，还。

⑩宁：安。干：做事。止：休息。

⑪畀：赐给。矜：怜悯。⑫啻 chì：仅仅，只是。

⑬惟：只。时：这样。宅：住宅。⑭居：居住。

⑮厥：于是，就。有干：有事做。有年：有丰年。

⑯小子：指子孙。⑰时：承顺，顺从。

⑱攸：通“悠”。长久。

译文

王说：“你们殷商的旧臣们，过去我从奄国来到这里，我大大地给你们四国的臣民下了命令。我说我会明确地实施上天对你们的惩罚，而把你们从远方迁移过来，使你们离我们周人更近，以便会更恭敬地臣服于周族。”

王说：“告诉你们殷商的众多旧臣，如今我不杀你们，我现在还要重申不杀之令。现今，我在洛邑建造大都城，是因为考虑到四方的诸侯没有朝贡的地方呀，也是为了你们这些旧臣们更加方便地奔走臣服于我们周人。

“你们尚且还有自己的土地，你们还能在你们的土地上安宁生活和劳动休息。如果你们能够恭恭敬敬的话，上天就会怜悯和同情你们；如果你们不能做到恭恭敬敬的话，你们不但没有土地，而且我还会把上天的惩罚降到你们身上！

“如今，你们只有在这个城邑里安家，继续居住在这里，你们就会在洛邑这个地方有事可做，有丰收的年头可享；你们的子孙也会兴旺，从你们迁到这里开始。”

王说：“你们要服从我，才谈得上长久地安居在这里。”

无　逸

题解

无，通“毋”。不要。逸，安逸，享乐。无逸就指不要贪图安逸享乐。本篇是周公在成王亲政时对成王发出的告诫之辞，意在总结历史教训，劝勉成王要勤于政务，而不要沉溺于安逸和享乐。今、古文《尚书》中皆有此篇内容。

周公作《无逸》。

译文

周公作了《无逸》。

（以上是《无逸》的序言）

周公曰："呜呼！君子所[①]，其无逸[②]。先知稼穑之艰难[③]，乃逸，则知小人之依[④]。相小人[⑤]，厥父母勤劳稼穑[⑥]，厥子乃不知稼穑之艰难，乃逸乃谚[⑦]。既诞[⑧]，否则侮厥父母曰[⑨]：'昔之人无闻知[⑩]。'"

注释

①所：居，处。

②其：副词，表示命令。

无：通"毋"。不要。逸：安逸。

③稼穑：春耕为稼，秋收为穑。

稼穑即播种与收获，泛指农业劳动。

④小人：与君子相对，是指小民，即老百姓。

依：通"隐"。痛苦。

⑤相：看，观察。

⑥厥：他们，代指小人。

⑦乃：就。谚：粗野不恭。

⑧诞：荒诞。

⑨侮：怠慢，轻慢。

⑩昔之人：昔之人，老人。无闻知：指没有见识。

译文

周公说："啊！君子活在这个世界上，不要贪图安逸享乐。首先要知道农业劳动的艰难，然后再安逸，就知道那些小老百姓的痛苦。看看那些小老百姓吧，其父母勤劳地从事农业劳动，其儿子却不知这劳动的艰难，却安逸和粗野不恭。这已经很荒唐了，甚至还轻视其父母说：'老家伙，真是没见识。'"

周公曰："呜呼！我闻曰：昔在殷王中宗[①]，严恭寅畏[②]，天命自度[③]，治民祗惧[④]，不敢荒宁[⑤]。肆中宗之享国七十有五年[⑥]。

"其在高宗[⑦]，时旧劳于外[⑧]，爰暨小人[⑨]。作其即位[⑩]，乃或亮阴[⑪]，三年不言[⑫]。其惟不言，言乃雍[⑬]。不敢荒宁，嘉靖殷邦[⑭]。至于小大[⑮]，无时或怨[⑯]。肆高宗之享国五十有九年。

"其在祖甲[⑰]，不义惟王[⑱]，旧为小人[⑲]。作其即位，爰知小人之依，能保惠于庶民[⑳]，不敢侮鳏寡[㉑]。肆祖甲之享国三十有三年。

"自时厥后[㉒]，立王生则逸[㉓]。生则逸，不知稼穑之艰难，不闻小人之劳，惟耽乐之从[㉔]。自时厥后，亦罔或克寿[㉕]。或十年，或七、八年，或五、六年，或四、三年。"

周公曰："呜呼！厥亦惟我周太王、王季[㉖]，克自抑畏[㉗]。文王卑服[㉘]，即康功田功[㉙]。徽柔懿恭[㉚]，怀保小民[㉛]，惠鲜鳏寡[㉜]。自朝至于日中昃[㉝]，不遑暇食[㉞]，用咸和万民[㉟]。文王不敢盘于游田[㊱]，以庶邦惟正之供[㊲]。文王受命惟中身[㊳]，厥享国五十年。"

注释

①中宗：殷商第十代王。

②严：庄重。恭：恭敬。寅：敬。畏：畏惧。

③天命自度：即指以天命约束自己，以天命为法度。

④祗惧：敬畏。

⑤荒宁：荒淫无度和安逸享乐。

⑥肆：因此。享国：在位。有：又。

⑦高宗：武丁，殷商第二十三代王。

⑧时：代指高宗。旧：久，长时间。

⑨爰：于是。暨：与。小人：平民百姓。

⑩作：及，等到。

⑪或：又。亮阴：听了就信，而不多言语。

⑫不言：不轻易说话，或少说话。

⑬雍：和顺。

⑭嘉：好，善。靖：平定，安定。

⑮小大：小人和大人，这里泛指所有人。

⑯时：代指高宗。或：有人。

⑰祖甲：武丁的儿子，第二十五代商王。

⑱不义惟王：祖甲认为王位应该传给其兄长祖庚，觉得自己接替王位就是不义的行为，于是就逃往民间，而不接受王位。

⑲旧为小人：祖甲逃往民间，长期做平民百姓。

⑳保：保护。惠：恩惠。

㉑鳏寡：失去妻子的男人和失去丈夫的女人，泛指孤苦伶仃之人。

㉒时：这。厥：之。

㉓立王：即位的君王。生则逸：生下来就过安逸的生活。

㉔耽：沉溺。从：追求。

㉕罔：无。或：有人。克：能。寿：长寿，

㉖太王：即古公亶父，周文王的祖父。

王季：季历，周文王的父亲。

㉗克：能够。抑：抑制。

㉘卑服：穿贫贱的下层人民所穿的衣服。

㉙康功：指修路这类工作。田功：农业劳动。

㉚徽：美，善。懿：善。恭：恭敬。

㉛怀保：安抚保护。

㉜鲜：善。

㉝中昃 zè：日中及日偏西，泛指过午。

㉞不遑：没有时间，顾不上。暇食：悠闲吃饭的样子。

㉟咸和：协和，使和睦。

㊱盘：贪恋。游：游乐。田：打猎。

㊲以：率。正：政事。供：供职。

㊳中身：类似今天所说的中年。

译文

周公说："啊！我听说，昔日殷王中宗，仪态端庄严肃，为人谦虚恭敬，对上天和下民都能心存敬畏，以天命为法度来约束自己，治理老百姓恭敬谨慎，不敢荒淫无度和安于享乐。故而中宗在位长达七十五年。

"殷商到了高宗，他曾长期在民间生活和劳动，于是和老百姓接触很多。等到他即位之后，听到什么事情都记在心里，而不多加评论，三年都不轻易说话。正是由于不常说话，故而，一说出话就很和顺。他不敢荒淫无度和安于享乐，他很好地安定了殷商。所有的臣民，没有人抱怨他。所以他能在位长达五十九年。

"殷商到了祖甲，他觉得自己继承王位是一种不义的行为，于是就逃往民间，长期做一名普通来百姓。等他后来即位之后，他深知老百姓的疾苦，他能够保民爱民，也不轻慢或歧视那些孤苦伶仃的人。故而祖甲在位长达三十三年。

"从这以后，殷商即位的王，都是些生下来就安逸的人。由于他们生下来就生活安逸，所以他们不知道农业劳动的艰难，不关心小老百姓的劳苦，只是沉溺于安乐。从这以后，即位的殷王，再也没有长寿的了，有的在位十年，有的七八年，有的五六年，有的三四年。”

周公说：“啊！也只有我们周朝的太王和王季能够自我约束，敬畏天命。文王穿下层人的衣服，去修路和下地干活。他和蔼可亲，善良谦虚，关心和保护老百姓，爱护和善待孤苦伶仃的人。从早晨忙到午后，都顾不得吃饭，忙于调和老百姓，使社会和谐。文王不敢以游山玩水和打猎为娱乐，只是率领各邦国诸侯们各供其职，在政务上尽职尽责。文王是在自己中年的时候受天命当王的，在位五十年。”

周公曰：“呜呼！继自今，嗣王则其无淫于观、于逸、于游、于田[①]，以万民惟正之供。无皇曰[②]：‘今日耽乐。’乃非民攸训[③]，非天攸若[④]，时人丕则有愆[⑤]。无若殷王受之迷乱[⑥]，酗于酒德哉[⑦]！”

周公曰：“呜呼！我闻曰：古之人犹胥训告[⑧]，胥保惠[⑨]，胥教诲，民无或胥诪张为幻[⑩]。此厥不听，人乃训之，乃变乱先王之正刑[⑪]，至于小大。民否则厥心违怨[⑫]，否则厥口诅祝[⑬]。”

周公曰：“呜呼！自殷王中宗及高宗及祖甲及我周文王，兹四人迪哲[⑭]。厥或告之曰[⑮]：‘小人怨汝詈汝[⑯]。’则皇自敬德[⑰]。厥愆，曰：‘朕之愆允若时[⑱]。’不啻不敢含怒[⑲]。此厥不听，人乃或诪张为幻，曰小人怨汝詈汝，则信之，则若时：不永念厥辟[⑳]，不宽绰厥心[㉑]，乱罚无罪，杀无辜。怨有同[㉒]，是丛于厥身[㉓]。”

周公曰：“呜呼！嗣王其监于兹[㉔]！”

注释

①淫：过度。

②皇：通“偟”。闲暇。

③攸：所。训：顺从。

④若：通“诺”。允许。

⑤丕：大。愆：过错。

⑥受：纣王名。迷乱：生活糜烂。

⑦酗：酗酒。

⑧胥：相互。训告：训诫，告诫。

⑨保：保护。惠：爱护。

⑩诪 zhōu 张为幻：欺诳诈惑。

⑪正刑：法令法度。

⑫违怨：反对，怨恨。

⑬诅祝：怨，恨。

⑭迪：行。哲：智慧，圣明。

⑮或：有人。

⑯詈 lì：骂。

⑰皇：更加。

⑱允：确实。时：同“是”。这样。

⑲不啻：不仅仅。

⑳辟：君王。

㉑宽绰：气量宽宏，心胸宽阔。

㉒同：相同。

㉓丛：聚集，集中。

㉔监：通“鉴”。指借鉴。

译文

周公说："啊！从今往后，即位的王不要过度地观赏风景、过度安逸享乐、过度游玩、过度打猎，而应该率领万民，尽心尽职于政务。不要悠闲地说：'今天可以尽情享乐。'这不是老百姓所能顺从的，也不是老天爷所能允许的，这种人是要犯大错误的。不要像商纣王那样生活糜烂、酗酒成性啊！"

周公说："啊！我听说，古人都能相互劝诫对方，相互保护和关爱对方，相互教诲对方，老百姓就没有人相互欺诳诈惑。如果不听从我的这些话，人们就会效法你，就会改变和扰乱先王的那些大大小小的法度。老百姓要么是在内心反对和怨恨你，要么张嘴咒骂你。"

周公说："啊！从殷商的中宗、高宗、祖甲到我们的文王，只有这四个人能走圣明的道路。如若有人告诉他们说：'老百姓在怨恨你、咒骂你。'他们就会自己更加恭敬和加强德行的修养。有了过错，他们会说：'我的过错确实是这样的。'不单单是不敢生气。这些中正之言都不听，如果有人欺诳诈惑地说：'老百姓怨恨你、咒骂你。'他们就会相信，到那时就会：不经常考虑自己的王位，不宽宏大量，而随意处罚无罪的人，杀戮无辜的人，这样就会使老百姓有相同的怨恨，这些怨恨会集中发泄到他身上。"

周公说："啊！后来即位的王，要借鉴他们啊！"

君奭

题解

君，是周公对召公的尊称；奭，是召公的名字。本篇是周公对召公的答辞，主要阐述了天命和人为之间的关系，以及勉励召公和自己同心协力共同辅佐周天子。今、古文《尚书》中皆有本篇内容。

召公为保①，周公为师②，相成王为左右。召公不说③，周公作《君奭》。

注释

①保：官名，即太保，周代三公之一。

②师：官名，即太师，也是三公之一。

③说：同“悦”。高兴。

译文

召公当了太保，周公当了太师，共同辅佐在成王左右。召公不高兴，周公就作了《君奭》。

（以上是《君奭》的序言）

周公若曰："君奭！弗吊天降丧于殷[1]，殷既坠厥命[2]，我有周既受。我不敢知曰：厥基永孚于休[3]。若天棐忱[4]，我亦不敢知曰：其终出于不祥。

"呜呼！君已曰[5]：'时我[6]，我亦不敢宁于上帝命[7]，弗永远念天威越我民[8]；罔尤违[9]，惟人。在我后嗣子孙[10]，大弗克恭上下，遏佚前人光[11]，在家不知天命不易[12]，天难谌[13]，乃其坠命，弗克经历[14]。嗣前人，恭明德，在今。'

"予小子旦非克有正[15]，迪惟前人光施于我冲子[16]。又曰[17]：'天不可信。'我道惟宁王德延[18]，天不庸释于文王受命[19]。"

注释

①弗吊：不友善。②坠：丧失。

③基：基业。孚：通"保"。休：美好，善，这里指稳固。

④棐忱：棐，辅佐；忱，诚信；棐忱是指辅助诚信的人。

⑤君：指召公。已：曾经。⑥时：是。

⑦宁：安。⑧越：与。⑨尤：怪罪。违：违背。

⑩在：考察。⑪遏：绝。佚：失。光：光辉。

⑫不易：不容易。⑬谌 chén：相信。

⑭经历：时间长久。

⑮旦：周公名叫姬旦，故自称旦。有正：有所改正。

⑯迪：语气助词。施：通"延"。冲子：童子，这里指成王。

⑰又曰：召公又说。⑱道：说。宁王：文王。

⑲庸：用。释：舍弃。

译文

周公这样说道："君奭！不友善的上天降下了亡国之祸给殷商，殷商现在已经失去了天命，我周人接受了天命。但我不敢说我们的这个基业会永远保持稳固，如果上天能辅助我们，我还是不敢说结局是否会有什么不祥。

"啊！你曾经说：'依靠我们就行了，但我们仍不敢安于上天授予的天命，不敢不长久地顾念天威和我们的老百姓；不敢怨天尤人和违背天意，一切都要靠我们人去做。看看我们的后嗣子孙吧，大多数不能够恭敬上天和下民，断绝、失去我们前人的光辉，在家安逸享乐，而不知天命的来之不易、上天的不可信，于是就会丧失天命而不长久。我们要继承前人，恭敬明德，从现在做起。'

"小子我对此没有什么修正的，对你的看法没有异议，我只想把我们前人的光辉转移到我们幼主成王身上。你曾经还说：'上天不可信赖。'依我说啊，只要文王的德行能够延续下去的话，上天是不会舍弃我们文王所承受的天命的。"

公曰："君奭！我闻在昔成汤既受命，时则有若伊尹①，格于皇天②。在太甲③，时则有若保衡④。在太戊⑤，时则有若伊陟、臣扈⑥，格于上帝；巫咸乂王家⑦。在祖乙⑧，时则有若巫贤⑨。在武丁⑩，时则有若甘盘⑪。

"率惟兹有陈⑫，保乂有殷，故殷礼陟配天⑬，多历年所⑭。天惟纯佑命⑮，则商实百姓王人⑯，罔不秉德明恤⑰，小臣屏侯甸⑱，矧咸奔走⑲。惟兹惟德称⑳，用乂厥辟[21]，故一人有事于四方[22]，若卜筮罔不是孚。”

公曰：“君奭！天寿平格[23]，保乂有殷，有殷嗣[24]，天灭威[25]。今汝永念，则有固命[26]，厥乱明我新造邦[27]。”

注释

①时：当时。若：像。伊尹：成汤的辅臣。

②格：达到，这里指感应，感通。

③太甲：成汤的孙子，第五代商王。

④保衡：即伊尹。保衡是伊尹的尊号，又称“阿衡”。

⑤太戊：太甲的孙子，第十代商王。

⑥伊陟、臣扈 hù：伊陟是伊尹的儿子，他和臣扈都是太戊的大臣。

⑦巫咸：太戊的大臣。乂：治理，安定。

⑧祖乙：名滕，殷国的第七世贤王。⑨巫贤：祖乙的大臣。

⑩武丁：即殷高宗。⑪甘盘：武丁的贤臣。

⑫率：大概。惟：因为。有：名词词头。陈：列。

⑬殷礼：夏、商、周三代都有自己的礼乐体系，殷礼是殷商的礼仪。陟配：天子升天后，就可以在下界祭天的时候作为天的配享而受祭。⑭历：经过。所：时间，年代。

⑮纯：专一。佑：良佐，贤臣。命：这里指殷商的国运。

⑯实：所有的，实际存在的。百姓：指与商王异姓的人。王人：与商王同姓的人。

⑰秉：持。恤：忧心，体恤。

⑱小臣：王畿内的众多官员。屏：并，和，与。侯甸：侯服、甸服的官员。

⑲矧：亦，也。咸：都，皆。奔走：指奔走效劳。

⑳惟：因为。惟德称：以其有德而被世人所称道。

㉑乂：通“艾”。辅助。辟：君王。

㉒一人：国君常常自称“予一人”或“一人”，故而以“一人”代指国君。

㉓寿：长寿，这里是使动用法，指使人长寿。

平：平定，治理，这里是指能够平定和治理天下的人。

格：感应，感通，这里是指能够感应上天的人。

㉔有殷嗣：指殷商接替了夏代而受天命。

㉕天灭威：这里是指上天停止了发威，停止了惩罚。

㉖固命：固定而持久的天命。

㉗厥：表示希望的语气助词。乱：治理。明：光大。

译文

周公说：“君奭！我听说昔日成汤受天命而称王，当时就有像伊尹这样的大臣辅佐，伊尹能够与皇天相感应。太甲在位的时候，当时就有像保衡（即伊尹）这样的大臣辅佐。太戊在位的时候，当时就有像伊陟、臣扈这两位大臣一样的官员辅佐，伊陟和臣扈他们两个能感应到天帝的想法；还有巫咸也辅佐治理国家。祖乙在位时，就有像巫贤这样的大臣辅佐。武丁在位时，就有像甘盘这样的大臣辅佐。

“大概是因为有这样的贤臣的存在，他们善于辅佐、治理殷商，故而殷礼才能上升，并和上天一同受到祭奠，这种现象持续了很多年。因为上天专心保佑殷商的国运，于是，殷商所有异姓和同姓官员，没有不秉持美德而忧国忧民的；王畿内的大小官员和侯服、甸服的诸侯们也都竭力奔走效劳。正是因为这些以德行而备受世人称道的官员们，以德来辅佐他们的君王，所以一旦君王向天下发布命令，就像占卜一样，百姓无不坚信。”

周公说："君奭，皇天能赐寿于辨察天心、恪守天命的人，使它治理殷商；殷商得到治理上天也不再显现威灵。如今你常挂念着这些事，你定能长寿。希望你治理好我们的新国家。"

公曰："君奭！在昔上帝割申劝宁王之德[1]，其集大命于厥躬[2]？惟文王尚克修和我有夏[3]；亦惟有若虢叔[4]，有若闳夭[5]，有若散宜生[6]，有若泰颠[7]，有若南宫括[8]。"

又曰："无能往来[9]，兹迪彝教[10]，文王蔑德降于国人[11]。亦惟纯佑秉德[12]，迪知天威，乃惟时昭文王迪见冒[13]，闻于上帝，惟时受有殷命哉！

"武王惟兹四人，尚迪有禄[14]。后暨武王诞将天威[15]，咸刘厥敌[16]。惟兹四人昭武王惟冒，丕单称德[17]。

"今在予小子旦，若游大川，予往暨汝奭其济[18]。小子同未在位[19]，诞无我责[20]，收罔勖不及[21]。耇造德不降[22]，我则鸣鸟不闻[23]，矧曰其有能格[24]？"

公曰："呜呼！君肆其监于兹[25]！我受命无疆，惟休，亦大惟艰。告君，乃猷裕[26]，我不以后人迷[27]。"

注释

①割：通"曷"。为什么。申：重复，一再。

②集：降下。厥躬：他身上，指文王。

③惟：因为。尚：尊重。修和：治理以使其和谐。有夏：华夏，中国。

④若：像。虢叔：王季之后，封于虢。

⑤闳 hóng 夭：西周开国功臣。

⑥散宜生：西周开国功臣，是"文王四友"之一。

⑦泰颠：文王时的著名大臣。

⑧南宫括：又称南宫子，西周著名贤者。

⑨无：无人。往来：这里是指奔走效力。

⑩兹：益，增加，引申为帮助。彝：常，经常。

⑪蔑：无。⑫惟：因为。

⑬时：同“是”。这些人。昭：昭明。迪：引导。
见：同“现”。冒：通“懋”。勉励。

⑭迪：进，这里指四人仍被任用。
有禄：有俸禄，这里是指四人还在朝为官。

⑮暨：与，及。诞：大。将：奉行。⑯咸：毕，都。刘：杀。

⑰丕：大。单：通“殚”。尽。称：赞颂。⑱济：渡过。

⑲同未：通“童昧”。无知。⑳诞：大。

㉑收罔：“爽”字的缓读，同“尚”，曾运乾说。不及：来不及。

㉒耇：老年人。造：成。

㉓鸣鸟：指凤凰。

㉔矧：何况。格：感应，感通。

㉕肆：今。监：看。

㉖猷裕：教导。㉗以：使。迷：迷惑。

译文

周公说：“君奭！昔日天帝为什么一再劝勉文王要修德行，并把大命降到他身上呢？那是因为文王能够治理和协和中国；也是因为他有像虢叔、闳夭、散宜生、泰颠、南宫括那样的一帮贤臣的辅佐。”

周公又说：“若没有人往来奔走效命，常常引导教化，他文王也没有美德降给国人了。也是由于大臣们专心辅佐和秉持道德教化，引导老百姓去知晓天威；这些大臣昭明和引导文王，勉励他，使得天帝都知道了文王的德行，于是才让文王接替了殷商的天命！

“武王的时候，这四个贤臣还都在位。后来他们协同武王一起继续奉行天威，把敌人都剿灭了。因为这四个人昭明和引导武王，勉励武王，故而都以美德而为世人所称颂。

“如今，小子我摄政，就像要渡过大河，我想和你一起同舟共济。我们的成王还年轻，我们两个责任很大啊，现在勉励他还来不及，如果年老有德的人再不指导他的话，我们就连凤凰的叫声都听不见了，何况还说去感知天意？”

周公说：“啊！你现在要看到这一点：我们周人受了无限大的天命，只是好事，也是一件艰难的事。告诉你：你要教导老百姓，我是不会让子孙后代迷惑的。”

公曰：“前人敷乃心①，乃悉命汝②，作汝民极③。曰：‘汝明勖偶王④，在亶乘兹大命⑤，惟文王德丕承⑥，无疆之恤⑦！’”

公曰：“君！告汝，朕允⑧。保奭⑨，其汝克敬以予监于殷丧大否⑩，肆念我天威⑪。予不允，惟若兹诰⑫？予惟曰：‘襄我二人⑬，汝有合哉⑭？’言曰⑮：‘在时二人。’天休兹至⑯，惟时二人弗戡⑰。其汝克敬德，明我俊民⑱，在让后人于丕时⑲。

“呜呼！笃棐时二人⑳，我式克至于今日休㉑。我咸成文王功于不怠、丕冒㉒，海隅出日㉓，罔不率俾㉔。”

公曰：“君！予不惠若兹多诰㉕，予惟用闵于天越民㉖。”

公曰：“呜呼！君！惟乃知民德㉗，亦罔不能厥初㉘，惟其终。祗若兹，往敬用治㉙！”

注释

①前人：指武王。敷：布，表明。乃：其，代指武王。

②悉：悉心。

③极：标准，表率。

④明勖：勉励，努力。偶：配合，辅佐。王：指成王。

⑤亶：诚心。乘：承受。

⑥惟：只。承：继承。

⑦恤：体恤，忧虑。

⑧允：诚心。

⑨保奭：太保奭，即召公。

⑩以：与。大否：大祸。

⑪肆：经常，时常。威：罚。

⑫若兹：像这样。

⑬襄：除了。

⑭合：合作，配合。

⑮言曰：周公代召公答复，犹“你会说……”。

⑯天休：上天赐予的吉祥。兹：通“滋”。益，多。

⑰戡：通“堪”。胜任。

⑱明：形容词的使动用法，使明，使显露，这里是指举荐。俊民：俊杰，杰出的人。

⑲在：最终。让：让贤。

丕时：盛大的日期，这里是指形势大好的时候。

⑳笃棐：忠诚的辅助。

㉑式：于是。克：能够。

㉒我：我们。咸：共同。冒：通“勖”。努力，勉励。

㉓海隅：海角，这里指陆地的最东边。

㉔率俾：顺从。

㉕惠：通“惟”。想。

㉖闵 mǐn：古同“悯”。忧虑。越：与。

㉗德：德性，特点。

㉘亦罔不能厥初：没有人不善于在开始的时候做得很好。

㉙往：从今往后。用：以。

译文

周公说：“武王袒露他的心思，悉心嘱咐你，要你给臣民作表率。他说：‘你要特别努力地辅佐和配合君王，诚心实意地接受他的命令，竭力继承文王的美德，承受无穷无尽的忧虑和责任！’”

周公说：“君奭！告诉你，我是诚心对你的。太保奭，希望你能够和我一起以殷商亡国的大祸为鉴，时常顾念我们周人的天威。我要不是诚心的，会告诉你这些吗？我只想说：‘除了我们二人，你还有其他可以合作的人吗？’你一定会说：‘就只有我们两个了。’上天赐予的吉祥和美事很多，光靠我们两个人是做不完的。因此希望你能恭敬施行德政，举荐和选拔杰出的人才，我会在形势大好的时候，让贤于后人。

“啊！正是由于我们二人的忠诚辅佐，我们周人才会有今天的大好形势。我们是在毫不懈怠和大加努力之下才完成文王的功业，陆地最东边的海角和太阳出来的地方，无不顺从我们。”

周公说：“君奭啊！我不和你说那么多了，我只忧心于天威和老百姓。”

周公说：“啊！君奭啊！你是最了解老百姓的特性了，他们无不善于在开始做得很好，很少有人能善终的。要恭敬认真对待这一点，往后要好好治理啊！”

多　方

题解

方，是方国；多方，即指众多方国。本篇是周公代替成王向那些不服从周天子统治的方国的诸侯和大臣所作的诰命。在这篇诰辞中，周公强调了天命的不可违，告诫各邦国要顺从统治。本篇在今、古文《尚书》中皆有，是研究上古思想史的重要史料。

成王归自奄①，在宗周②，诰庶邦③，作《多方》。

注释

①归：回来。自：从。奄：古国名，在今山东省境内。

②宗周：即镐京。

③庶：众。

译文

成王从奄回到了宗周镐京，以诰命告诫众多邦国。史官记载诰辞，作了《多方》。

（以上是《多方》的序言）

惟五月丁亥[①]，王来自奄，至于宗周。

周公曰："王若曰[②]：'猷[③]！告尔四国多方惟尔殷侯尹民[④]。我惟大降尔命[⑤]，尔罔不知。洪惟图天之命[⑥]，弗永寅念于祀[⑦]，惟帝降格于夏[⑧]。有夏诞厥逸[⑨]，不肯感言于民[⑩]，乃大淫昏[⑪]，不克终日劝于帝之迪[⑫]，乃尔攸闻。厥图帝之命，不克开于民之丽[⑬]，乃大降罚，崇乱有夏[⑭]。因甲于内乱[⑮]，不克灵承于旅[⑯]。罔丕惟进之恭[⑰]，洪舒于民[⑱]。亦惟有夏之民叨懫日钦[⑲]，劓割夏邑[⑳]。天惟时求民主[㉑]，乃大降显休命于成汤[㉒]，刑殄有夏[㉓]。'

"'惟天不畀纯[㉔]，乃惟以尔多方之义民，不克永于多享[㉕]；惟夏之恭多士大不克明保享于民[㉖]，乃胥惟虐于民[㉗]，至于百为[㉘]，大不克开。'

"'乃惟成汤克以尔多方简[㉙]，代夏作民主。慎厥丽，乃劝[㉚]；厥民刑，用劝；以至于帝乙[㉛]，罔不明德慎罚，亦克用劝；要囚殄戮多罪[㉜]，亦克用劝；开释无辜，亦克用劝。'

"'今至于尔辟[㉝]，弗克以尔多方享天之命[㉞]，呜呼！'"

注释

①五月：是指成王亲政的第二年五月。丁亥：二十七日。

②王若曰：成王是这样说的，这是周公代替成王说的话。

③猷：叹词，啊。

④四国：指管、蔡、商、奄四国。

惟：与，和。殷侯：众位诸侯。尹民：官员。

⑤降：下。命：教令。

⑥洪：大。惟：为。图：图谋，谋求。

⑦寅：敬。念：顾念。

⑧格：通“诰”。严厉的教令。⑨诞：大。

⑩慼：同“戚”。忧。⑪淫昏：淫逸、昏庸。

⑫克：能。劝：劝诫。迪：教导。

⑬开：除去。丽：通“罹”。遭遇。

⑭崇：上古同“终”。最终。

⑮甲：通“狎”。习。内乱：后宫乱政。

⑯灵：善。承：顺承。旅：众官员。

⑰丕：不。进：通“赆”。财货。恭：通“供”。

⑱洪：大。舒：古文作“荼”。荼毒。

⑲叨：贪婪。懫 zhì：忿戾，蛮横无理。钦：重。

⑳劓割：残害，伤害。

㉑惟时：为此。民主：民之主，百姓的主人。

㉒显休：光明美好。㉓刑殄 tiǎn：征讨消灭。

㉔畀：赐予，这里指赐天命。纯：专一。

㉕义民：贤人，贤者。享：享有禄位。

㉖恭：通“供”。供职。保享：保护并使其安享。

㉗胥：都。虐：暴虐，残害。

㉘百为：所做的很多事。

㉙简：选择。㉚劝：勉励，劝诫。

㉛帝乙：商纣王的父亲。

㉜要囚：幽禁，囚禁。殄戮：杀戮。

㉝尔辟：你们的君主，指商纣王。

㉞以：率领。

译文

五月二十七日那天，成王从奄国回到了成周镐京。

周公说："大王是这样说的：'啊！告诉你们四国和众多邦国，以及殷商旧臣们，我要给你们发布重大教令了，你们不能不听。由于夏桀想大大地图谋获取天命，却又不愿永久恭敬和顾念祭祀活动，故而天帝给他降下了严厉的教令。夏桀大肆淫逸、享乐，不肯安抚老百姓，反而更加淫乱和昏庸，不能够做到每天以天帝的教导来劝诫自己，这些都是你们所知道的。他想谋求天帝的美好授命，却又不能解除老百姓的痛苦遭遇，却还大肆惩罚老百姓，最终祸乱了夏王朝。因为他的昏庸使得后宫乱政，而不听从百官的意见，众人无不向他贿赂来恭维和巴结他，结果大大地荼毒了老百姓。也是由于夏人那贪婪和蛮横无理的作为日益严重，残害了夏国。上天因此为百姓寻求新的主人，于是降下显著和美好的天命给成汤，征讨和消灭了夏国。'

"'上天不会专赐天命给一个人，于是你们众多邦国的贤人就不能永久地享有爵禄；因为夏国的众多官员很不善于保护和安定老百姓，却争相暴虐对待老百姓，以至于做了很多让老百姓不能摆脱痛苦的事情。'

"'只有成汤被你们众多邦国诸侯所选择，来取代夏王朝而作老百姓的主人。他慎重对待和处理百姓所遭受的痛苦，于是劝慰百姓；他施行刑罚，也是劝诫百姓；一直到了帝乙，殷商的帝王无不彰显德行，而谨慎使用刑罚，都能够用来劝诫百姓；囚禁和杀戮罪恶多端的犯人，也能用以告诫百姓；释放无罪的人，也能用以勉励百姓。'

"'如今到了你们的商纣王，他不能够率领你们众多邦国的诸侯享受上天赐予的天命，唉！'"

"王若曰：'诰告尔多方，非天庸释有夏[1]，非天庸释有殷。乃惟尔辟以尔多方大淫[2]，图天之命，屑有辞[3]。乃惟有夏图厥政，不集于享[4]，天降时丧，有邦间之[5]。乃惟尔商后王逸厥逸[6]，图厥政不蠲烝[7]，天惟降时丧。'

"'惟圣罔念作狂[8]，惟狂克念作圣。天惟五年须暇之子孙[9]，诞作民主[10]，罔可念听。天惟求尔多方，大动以威[11]，开厥顾天[12]。惟尔多方，罔堪顾之。惟我周王灵承于旅[13]，克堪用德，惟典神天[14]。天惟式教我用休[15]，简畀殷命[16]，尹尔多方。'

"'今我曷敢多诰[17]？我惟大降尔四国民命[18]，尔曷不忱裕之于尔多方[19]？尔曷不夹介乂我周王[20]，享天之命？今尔尚宅尔宅[21]，畋尔田[22]，尔曷不惠王熙天之命[23]？'

"'尔乃迪屡不静[24]，尔心未爱[25]。尔乃不大宅天命[26]，尔乃屑播天命[27]，尔乃自作不典[28]，图忱于正[29]。我惟时其教告之，我惟时其战要囚之[30]，至于再，至于三。乃有不用我降尔命，我乃其大罚殛之[31]！非我有周秉德不康宁[32]，乃惟尔自速辜[33]！'"

注释

①庸释：舍弃。

②尔辟：你们的君王。以：率领。

③屑：琐碎。有辞：振振有词。

④集：通"齐"。使整齐，修整。享：祭祀。

⑤有邦：这里是指殷商。间：代替。

⑥商后王：指商纣王。逸厥逸：第一个逸是动词，指安于……；第二个逸是名词，指安逸的生活。

⑦不蠲 juān 烝：蠲，净，洁；烝，进享，指祭祀；不蠲烝是指不清洁身体就进祭品，这是对祭祀的大不敬。

⑧圣：圣人。念：思，思虑。作狂：变成狂妄的人。

⑨五年：从文王受命即位到伐纣之间共五年时间。须：等待。暇：宽暇。子孙：指成汤的子孙。

⑩诞：通“延”。继续。

⑪大动以威：指各方国灾异不断，上天大发其威。

⑫开：启示。顾天：顾念天威。

⑬灵：善于。承：顺从。旅：众人。

⑭典：主持。

神天：神灵与苍天，这里指对神灵和苍天的祭祀。

⑮式：用。教：授予。用休：以美好的天命。

⑯简：选择。畀：给予，授予。殷命：大命。

⑰曷敢：怎么敢。

⑱惟：只。

⑲忱：诚，热忱。裕：通“喻”。告喻，使知晓。

⑳夹介：夹辅，辅佐。乂：通“艾”。《尔雅》：“相也。”

㉑宅尔宅：第一个宅是动词，指居住；

第二个宅是名词，指住宅。

㉒畋 tián：耕作。

㉓惠：顺从。熙：光，光大。

㉔乃：竟。迪：教导。屡：屡次。

㉕爱：亲爱顺从。

㉖大宅天命：大大地安于天命，服从天命。

㉗肩播：肩，轻；播，抛弃；肩播是指轻易抛弃。

㉘不典：这里是指不按典章办事，即不守法。

㉙图：图谋。忱：诚心，这里是指取信于。正：长官，指统治者。

㉚战：征讨。要囚：囚禁。

㉛罚：惩罚。殛：诛杀。

㉜秉德：秉持这种德行，指秉性。不康宁：不安静，不安宁。

㉝速：招致。辜：罪。

译文

"王这样说道：'诏告你们众邦国，不是上天要抛弃夏国，也不是上天要抛弃殷商。而是你们的君王带领你们大肆淫逸、享乐，想谋求上天赐予的福命，却又对上天不敬，还振振有词。因为夏王想谋求政治安定，却又不把祭祀修整好，于是上天降下这个亡国之祸，使殷商取代了夏王朝；也是因为你们商纣王安于逸乐，想谋求政治安定，却又在祭祀的时候不洁净身体就进享，这是大不敬，所以上天降下这个亡国之祸给殷商。'

"'圣人不思虑和思考就会变成没有思想的狂人，狂人若能够经常思虑和思考，也就会变成圣人。上天用五年的宽限时间去等待成汤的子孙纣王能改过自新，继续做百姓的主人，但他一点也不顾念和听从上天的苦心。上天唯有使众多方国出现灾异，来显示天威，以此启示纣王要顾及天威。而你们这些方国都不顾念。只有我们周王善于顺承民意，能够施行德政，能够主持对神灵和上天的祭祀。于是上天用美好吉祥的天命来教导我们，选择我们，并把殷商的大命转授给我们，让我们来统治你们这些方国。'

“‘如今我为什么要给你们这么多的告诫？我是在给你们四国的百姓降命令，你们为什么不热忱地把我的话宣布给所有的方国？你们为什么不辅佐我周王来享受天命？如今你们还能继续住在自己的宅院里，还能够在自己的田里耕作，你们为什么不顺从我们周王来光大上天的天命呢？’

“‘你们在屡次的教导之下还不能够安定、顺服，你们是内心不服啊。你们竟不安于和服从天命的安排，你们竟轻易地抛弃天命，你们竟不自觉遵守法度，却还想谋求取信于天子。我因为这些才来教训你们啊，我因此才来征伐和囚禁你们，一而再，再而三地这样做。你们要是再不听从我的命令，我就要重重地惩罚和杀戮你们！不是我们周人秉性不安静而好动武，而是你们自找的罪孽！’”

“王曰：‘呜呼！猷！告尔有方多士暨殷多士①。今尔奔走臣我监五祀②，越惟有胥伯小大多正③，尔罔不克臬④。自作不和，尔惟和哉！尔室不睦，尔惟和哉！尔邑克明⑤，尔惟克勤乃事。尔尚不忌于凶德⑥，亦则以穆穆在乃位⑦，克阅于乃邑谋介⑧。’

“‘尔乃自时洛邑⑨，尚永力畋尔田，天惟畀矜尔⑩，我有周惟其大介赉尔⑪。迪简在王庭⑫，尚尔事⑬，有服在大僚⑭。’

“王曰：‘呜呼！多士，尔不克劝忱我命⑮，尔亦则惟不克享⑯，凡民惟曰不享。尔乃惟逸惟颇⑰，大远王命，则惟尔多方探天之威⑱，我则致天之罚⑲，离逖尔土⑳。’”

“王曰：‘我不惟多诰㉑，我惟祗告尔命。’

“又曰：‘时惟尔初㉒，不克敬于和㉓，则无我怨。’”

注释

①暨：和。

②臣：臣服。监：三监。五祀：五年。

③伯：方国的长官。正：长。

④臬：法度，准则，这里是指遵守法度。

⑤明：政治清明。

⑥忌：顾忌，畏惧。凶德：违背仁德的恶行。

⑦穆穆：端庄恭敬。

⑧阅：通“悦”。介：善。

⑨乃：若。时：这个。

⑩畀：赐予。矜：同情，怜悯。

⑪大介：大。赉：赐予，给予。

⑫迪：进。简：选择。

⑬尚：通“上”。指提高。事：职务。

⑭服：事。大僚：大官。

⑮劝：勉力。忱：信。

⑯享：享受爵位和俸禄。

⑰逸：淫逸。颇：不正，邪恶。

⑱探：试探。威：罚。

⑲致：施行。

⑳离逖 tì：使远远离去，这里是指流放或迁徙。

㉑惟：想。

㉒时：这。惟：只是。

㉓于：与。

译文

“王说：‘啊！告诉你们各方国和殷商故地的众官员们。如今你们奔走效劳和臣服于我所设立的三监已经有五年了，你们大小官员和诸侯长官没有不严守法度的。你们内部不和谐的话，你们就想办法去调和啊！你们家庭不和谐的话，就也想办法去调和啊！你们的邦国能够政治清明的话，就说明你们是勤于政事的。你们能够不畏惧恶人，还能端庄恭敬地坐在你们各自的职位上，那在你们的邦国的老百姓就会喜悦和去追求美与善。’

“‘你们要从洛邑这个地方开始，永远努力地耕作你们的田地，上天就会赐给你们同情和怜悯，我们周人也会大大地奖赏你们的。我们会把你们选进王庭里做事，提升你们的职务，让你们做大官。’

“王说：‘啊！众官员，你们不能努力听从和相信我的教令，你们也就不能享受到爵位和俸禄，所有老百姓也都觉得你们不该享有爵位和俸禄。你们要是还安于淫逸和邪恶，行为远远地偏离了王的命令所规定的法度，那么这是你们各方国自己在触动天威；我也将会执行上天的惩罚，把你们流放，让你们远离故土。’

“王说：‘我不想说那么多了，我只是郑重地把天命告诉你们。’

“王又说：‘这只是你们的开始，你们要是不能够做到恭敬与和睦相处，那就别怪我对你们不客气了。’”

立　政

题解

政，指官员；立政是指设立官员。本篇是周公对成王和众臣的诰辞，主要内容是在总结历史经验的基础上，设立各级官员，以及如何任用这些官员等等。本篇在今、古文《尚书》中皆有。

周公作《立政》。

译文

周公作了《立政》。

（以上是《立政》的序言）

周公若曰："拜手稽首[①]，告嗣天子王矣。"用咸戒于王曰[②]："王左右常伯、常任、准人、缀衣、虎贲[③]。"

周公曰："呜呼！休兹知恤[④]，鲜哉[⑤]！古之人迪惟有夏[⑥]，乃有室大竞[⑦]，吁俊尊上帝迪[⑧]，知忱恂于九德之行[⑨]。乃敢告教厥后曰[⑩]：'拜手稽首后矣！'曰：'宅乃事[⑪]，宅乃牧[⑫]，宅乃准[⑬]，兹惟后矣。谋面[⑭]，用丕训德[⑮]，则乃宅人[⑯]，兹乃三宅无义民[⑰]。'

"桀德[⑱]，惟乃弗作往任[⑲]，是惟暴德[⑳]。罔后[㉑]。

"亦越成汤陟[㉒]，丕釐上帝之耿命[㉓]，乃用三有宅[㉔]，克即宅[㉕]，曰三有俊[㉖]，克即俊。严惟丕式[㉗]，克用三宅三俊，其在商邑，用协于厥邑[㉘]，其在四方，用丕式见德[㉙]。

"呜呼！其在受德[㉚]，暋为羞刑暴德之人[㉛]，同于厥邦；乃惟庶习逸德之人[㉜]，同于厥政。帝钦罚之[㉝]，乃伻我有夏[㉞]，式商受命[㉟]，奄甸万姓[㊱]。

注释

①拜手稽首：古代的一种拜跪礼。②用：以。咸：悉，全。

③左右：支配、管理好，这里是指御臣之道。常伯：古代治民的官，又称"牧""牧人"。常任：古代治事的官，即下文的"事"和"任人"。准人：古代执法的官，即下文的"准"。

缀衣：掌管国王衣服的官。

虎贲：勇士，是守卫王宫的武官。

④休：美好。兹：则，连词。恤：体恤，忧虑。

⑤鲜：少。⑥迪：语气助词。惟：只。

⑦乃：其，代指他们的。有室：指卿大夫。竞：强。
⑧吁：呼吁。俊：大。迪：教导。
⑨忱恂：诚信。九德：九种德行。⑩后：指君王。
⑪宅：居，位，这里是指设立某个职位和选拔这方面的人才。事：就是常任。⑫牧：就是常伯。
⑬准：就是准人。⑭谋面：相面，犹如今天所谓的面试、面谈。
⑮用：因。丕训：大顺。⑯乃：如此，这样。
⑰三宅：就是宅事、宅牧、宅准。
义民：义民是指邪曲之人。
⑱德：据《说文》："德，升也。"这里是指即位。
⑲作：用。往任：旧臣。
⑳是：是以。惟：为。暴德：以暴虐为德。
㉑罔后：没有后继，指亡国。
㉒越：于，在。陟：升，这里指登上帝位。
㉓丕：大。釐：赐予，这里是被动用法，指被赐予。耿：明。
㉔乃：其。三有宅：三宅。
㉕克即宅：指都能胜任，都各尽其责。
㉖曰：据说。三有俊：即三俊，孔颖达认为三俊是指具备刚克、柔克、正直这三种品德的人。
㉗严：严格。丕式：大法。㉘协：协和，调和。
㉙见：同"现"。显示，彰显。㉚受：即商纣王。德：升，即位。
㉛暋 mǐn：强横，强悍。羞刑：崇尚刑罚的人。
㉜庶：众多。习：习惯，习于，常常如此。
逸德：一副贪图安逸的德性。㉝钦：重。
㉞伻：使。有夏：华夏，这里是周人自称为有夏。
㉟式：读为"代"，取代。
㊱奄：覆盖。甸：治理。万姓：万民。

译文

周公这样说道："我行跪拜大礼，告诉所有人，即位的天子如今亲政成为真正的王了。"周公以此告诫成王说："大王你要善于管理和驾驭常伯、常任、准人、缀衣、虎贲这些近臣。"

周公说："啊！在优越和美好的时候还能有忧患意识，这样居安思危的人实在是少啊！古代只有夏王朝，他的卿大夫们很强势。他们呼吁君王要切实地遵天循帝的教诲，并使君王知道如何诚心地践行九德。然后才敢告诫和教导他的君王说：'我给君王行跪拜大礼了！'他们又说：'设立和选拔常任、常伯、准人这三个职位的官员，这样你就可以做君王了。面对面考察，以观察他是否能大顺其德。这样选拔人才，所选的常伯、常任、准人这三个职位的官员就不会有邪恶狡猾之人了。'

"到了夏桀即位以后，不任用以往的旧臣，只用那些秉性暴虐之人，所以夏国灭亡而无后继了。

"到了成汤登上帝位之后，大大接受了上天授予的明命，于是任用常伯、常任、准人这三宅的官员，这三宅的官员都各称其职。据说还有同时具备刚、柔、正直这三种品德的人，叫做三俊，这三俊也都各称其职。成汤能严格执行用人的大法，能够任用三宅和三俊的官员。这些官员在殷商都城，就用来调和百姓，使百姓和谐；他们在殷商的其他地方任职，就以大法来彰显成汤的美德。

"啊！商纣登上帝位以后，强横地使用那些崇尚刑罚的人和那些秉性暴虐之人，用他们治理国家；他任用那些惯于安逸享乐的人来处理政务。天帝要重重地惩罚他，于是命令我们周人取代殷商来接受天命，统治天下万民。"

“亦越文王、武王，克知三有宅心[1]，灼见三有俊心[2]，以敬事上帝，立民长伯[3]。立政[4]：任人、准夫、牧作三事[5]；虎贲、缀衣、趣马、小尹、左右携仆、百司庶府[6]；大都小伯、艺人、表臣百司[7]；太史、尹伯、庶常吉士[8]；司徒、司马、司空、亚旅[9]；夷、微、卢烝[10]；三亳阪尹[11]。

“文王惟克厥宅心[12]，乃克立兹常事司牧人[13]，以克俊有德[14]。文王罔攸兼于庶言、庶狱、庶慎[15]，惟有司之牧夫是训用违[16]；庶狱庶慎，文王罔敢知于兹。亦越武王，率惟敉功[17]，不敢替厥义德[18]，率惟谋从容德[19]，以并受此丕丕基[20]。”

注释

①克：能够。知三有宅心：知道设立三宅的用意何在。心，用意。

②灼：明白，透彻。③长伯：长官。

④立政：设立官长。

⑤作：负责。三事：三方面的政务。

⑥趣马：负责养马的官。小尹：趣马的属官。

左右携仆：君王身边的仆人。百司：各司的官员，如司裘、司土、司木、司器、司货等。

庶府：众府的官员，如太府、王府、内府、外府等。

⑦大都小伯：泛指大大小小的城市的长官。艺人：擅长各类技艺的人。表臣百司：外臣百官或在外朝主持各司的长官。

⑧太史：史官和历官之长。尹伯：各类官长。

庶：众。常：日常。吉士：犹指贤人。

⑨司徒：三司之一，分管民事和教化百姓。司马：三司之一，执掌军事。司空：三司之一，主管工程建设。亚旅：众多副官。

⑩夷：东方的少数民族邦国。微：南方的少数民族邦国。卢：西方的少数民族邦国。烝：君。

⑪三亳：指南亳、西亳、北亳这三个都邑，三亳泛指殷商故地。阪尹：古代阪地的官长。

⑫惟：因。克厥宅心：即上文"克知厥宅心"。

⑬常事：日常从事。司：主事官员。牧：管理。

⑭以：用。克俊有德：即是指能够使用有才有德之人。

⑮攸：所。庶言：群言，舆论。庶狱：各类刑狱、诉讼等司法案件。庶慎：各类赦免和慎用刑罚的事情。

⑯有司：主管各部门事务的官员。牧夫：具体负责某项事务的部门属官。是训：指顺从。用违：反对。

⑰率：遵循。敉：安定。功：功业。

⑱替：废除和替代。义德：美德。

⑲容德：宽容的美德。⑳并：同。丕丕：大大。基：基业。

译文

"到了文王和武王那个时候，他们知道设立三宅的用意何在，对设立三俊的用意更透彻、明白。他们恭敬侍奉天帝，而为老百姓设立各级官长。设立的官员有：任人、准夫、牧，这是分别分管三种事务的官员；虎贲、缀衣、趣马、小尹、左右携仆、百司庶府等近臣；大都小伯、艺人、表臣等等外朝官员；太史、尹伯、庶常等官员；司徒、司马、司空、亚旅；还有分管各地少数民族的诸侯，以及殷商故地的长官。

"文王知道设立三宅的用意何在，于是能够设立这些管理日常事务的各部门长官和属官，任用有才华和有品德的人为官。对于社会舆论、司法刑狱案件、赦免和慎用刑罚等具体事务，都不是文王所兼管的，文王只负责监督这些官员是用命还是违命；各种司法案件、赦免和慎用刑罚等具体事务，文王是不去多问的。到了武王那时候，他遵循这些安定的治国方略，不敢废弃或替换文王的那些美好的措施，而谋求采取宽容的政策和德行，于是君臣共享这伟大的基业。”

“呜呼！孺子王矣[1]！继自今，我其立政，立事[2]、准人、牧夫，我其克灼知厥若[3]，丕乃俾乱[4]。相我受民[5]，和我庶狱、庶慎[6]。时则勿有间之[7]，自一话一言[8]。我则末惟成德之彦[9]，以乂我受民。

“呜呼！予旦已受人之徽言[10]，咸告孺子王矣。继自今，文子文孙[11]，其勿误于庶狱庶慎，惟正是乂之[12]。

“自古商人，亦越我周文王立政[13]，立事、牧夫、准人，则克宅之，克由绎之[14]，兹乃俾乂。国则罔有立政用憸人[15]，不训于德[16]，是罔显在厥世[17]。继自今立政，其勿以憸人，其惟吉士[18]，用劢相我国家[19]。

“今文子文孙、孺子王矣！其勿误于庶狱，惟有司之牧夫[20]。其克诘尔戎兵以陟禹之迹[21]，方行天下[22]，至于海表[23]，罔有不服。以觐文王之耿光[24]，以扬武王之大烈[25]。呜呼！继自今后王立政，其惟克用常人[26]。”

周公若曰：“太史！司寇苏公式敬尔由狱[27]，以长我王国[28]。兹式有慎[29]，以列用中罚[30]。”

注释

①孺子：即是成王。

②事：这里是指处理事务的官员。

③若：善，优点。

④丕：语气助词。俾：使。乱：治，治理。

⑤相：治理。受民：受上天所赐予的臣民。

⑥和：调和。

⑦时：这些事。间：参与，干预。

⑧自：从。一话一言：犹指只言片语。

⑨末：终。惟：为。彦：古代指有才学、德行的人。

⑩旦：周公名。已受：这里指已听到的。
徽言：美言，善言。

⑪文子文孙：指文王的子孙们

⑫正：长官。

⑬越：至，到。

⑭由绎：任用并使其尽力施展才能。

⑮罔有：没有。

⑯训：顺。

⑰是：于是。显：彰显。

⑱吉士：贤人。

⑲用：以。劢 mài：努力，勉力。

⑳惟有司之牧夫：即上文“惟有司之牧夫是训用违”。

㉑其：希望。诘：整治，治理。戎兵：指军队。
陟禹之迹：陟，登程，上路。这里是指能够像大禹一样足迹遍天下，即统治天下。

㉒方行：遍行、通行。

㉓海表：海外。

㉔觐：见，现，显示。耿光：光明，光辉。

㉕扬：弘扬。烈：功业。

㉖常人：守常道不变的人。

㉗司寇：官名，掌管刑罚。苏公：苏忿生。

式：法。由：用。

㉘长：延长。

㉙有：助词，无义。

㉚列：通“例”。例子，条例。 中罚：轻重适中的刑罚。

译文

“啊！孺子已经亲政称王了！从今以后，我要设立官员了，设立主持日常事务的官员、司法官员、处理民政事务的官员，我们要清楚透彻地了解这些官员的优点和长处，然后才能使他们去治理政务。让他们治理上天授予的臣民，调和刑狱和司法事务，以及那些慎用刑罚的案件。这些具体的事务让他们去做就行了，君王不需要亲自去参与或干预，哪怕是只言片语都没必要说。这样的话，我们最后就会得到一些可以使我们成就美德的德才兼备之人，让他们去治理我们的臣民。

“啊！我姬旦已经把自己所听到的美言、善言都告诉年幼的君王了。从今以后，文王的子孙们不要在那些刑狱和司法事务以及慎用刑罚等方面犯错误，这些事务只需让相关部门的官长去处理就行了。

“从古代殷商的君王到我们的周文王设立官员，设立处理日常事务的官员、管理民政事务的官员、管理司法事务的官员，都能够挑选，能够任用他们并使其尽力施展才能，然后让他们去治理国家。国家设立官员没有使用奸佞之人的，这是不遵循美德的表现，君王也永远不会有显著的政绩的。从今以后，设立官员，一定不能用奸佞之人，只能用贤良的人，以其努力来治理国家。

"如今文王的子孙，年幼的君王亲政为王了！希望你不要在刑狱和司法事务方面失误，这些事务只有听从相关部门的官员去裁定。希望你能整顿军队，去追寻大禹的足迹而遍行天下。四方之内，甚至海外都没有不服从你的。以此来彰显文王的光辉，以及弘扬武王的伟大功业。啊！从今以后，大王设立官员，只能够用那些守道不变、始终如一的人。"

周公这样说道："太史！司寇苏公依法恭敬认真地处理刑狱事务，以延长我周人的国运。按规定，执法要谨慎，依照惯例，要使用一些轻重适中的刑罚。"

顾　命

题解

顾，即顾念，顾念后嗣。命，命令。本篇的主要内容是周成王临终托孤的遗言，成王的葬礼的经过，以及康王即位的过程。也是研究上古丧葬制度的重要史料。

成王将崩①，命召公、毕公率诸侯相康王②，作《顾命》。

注释

①崩：驾崩，死。古代帝王的就叫崩。

②召公：名奭，是武王的兄长，官至太保。

毕公：名高，因被分封在毕地，故称毕公，也是武王兄长，官至太师。

康王：名钊，成王之子。

译文

周成王快要死了，于是就命令召公、毕公两个人率领诸侯们一起辅佐康王。史官记载这一事件，作了《顾命》。

（以上是《顾命》的序言）

惟四月，哉生魄[①]，王不怿[②]。甲子，王乃洮颒水[③]。相被冕服[④]，凭玉几[⑤]。乃同[⑥]，召太保奭[⑦]、芮伯、彤伯、毕公、卫侯、毛公、师氏[⑧]、虎臣[⑨]、百尹[⑩]、御事[⑪]。

注释

①哉生魄：哉，通“才”。魄，月初的月亮。哉生魄指阴历每月的二日或三日。

②王：指成王。不怿：不舒服，这里是指病重，不愈。

③洮 táo：盥洗。颒 huì：洗脸。

④相：成王的近侍、仆人。被：披上，穿上。冕：王冠。服：朝服。

⑤凭：依着，靠着。玉几：玉制的几案。

⑥同：古代诸侯朝见天子的六礼之一。

⑦太保奭：即召公。

⑧师氏：周代官名，其职责是辅导王室，教育贵族子弟以及朝仪得失之事。

⑨虎臣：指虎贲氏之官，是武官，负责王宫警卫。

⑩百尹：百官之长，即各部门的负责人。

⑪御事：办事人员。

译文

在四月初，成王自感病重。甲子日，成王用水洗了头和脸。左右仆人又给他戴上官帽、穿上朝服，让他靠在玉几旁。于是就召见群臣，召集了太保奭、芮伯、彤伯、毕公、卫侯、毛公、师氏、虎臣、百尹、御事等官员。

王曰："呜呼！疾大渐[1]，惟几病日臻[2]，既弥留[3]，恐不获誓言嗣[4]，兹予审训命汝[5]。昔君文王、武王宣重光[6]，奠丽陈教[7]，则肄肄不违[8]，用克达殷集大命[9]。

"在后之侗[10]，敬迓天威[11]，嗣守文、武大训[12]，无敢昏逾[13]。今天降疾，殆弗兴弗悟[14]。尔尚明时朕言[15]，用敬保元子钊弘济于艰难[16]，柔远能迩[17]，安劝大小庶邦。思夫人自乱于威仪[18]，尔无以钊冒贡于非几兹[19]！"

既受命，还[20]，出缀衣于庭[21]。越翼日乙丑[22]，王崩。

注释

①渐：渐渐，这里是指越来越严重了。

②几：危险。臻：至。

③弥留：弥留之际，指病重将死。

④获：得到。誓：誓约。嗣：后嗣。

⑤审：详审。训：训教。

⑥宣：彰显，显扬。重光：文王和武王两重光辉。

⑦奠：奠定。丽：礼法。教：教化。

⑧肄肄 yì：努力的样子。

⑨达：通"挞"。鞭挞，这里指打击。集大命：成就大命。

⑩在后之侗 tóng：侗，幼稚，无知；在后之侗是成王谦称。

⑪敬迓：恭敬地迎接。

⑫嗣：继承。

⑬昏逾：亦作"昏踰"，昏乱而越轨。

⑭殆：大概，几乎。兴：起。悟：指清醒。

⑮明：明白。时：这。

⑯元子：太子。钊：康王名。

弘济：弘，大；济，渡过；这里是指顺利渡过。

⑰柔：怀柔，安定。能：善，和。

⑱夫：助词，无义。乱：治理，这里是指管制、约束。

威仪：礼法。

⑲无：通“毋”。不要。以：使。冒：冒犯。

贡：陷也。几：法。兹：通“哉”。

⑳还：群臣受命而退。

㉑缀衣：帐幄，古时君王临终所用。庭：庭院。

㉒越：到。翼日：第二天。

译文

成王说：“啊！我的病越来越严重了，病情日益严重，已经到了弥留之际，我恐怕不能和你们讨论和约定后嗣的事了，现在我要详细而审慎地训告你们。昔日，文王和武王相继两次彰显了他们的光辉和伟大，制定礼法，布陈教化，努力遵守而不违背，因此能够翦灭殷商，成就宏大的天命。

“后来的年幼无知的我，恭敬地迎接上天的威严，继承和遵循文王与武王的训教，不敢混乱和有丝毫越轨的行为。如今上天降下疾病到我身上，我几乎已卧病不起了，思维也不太清晰了。希望你们要明白我说的话，要恭敬认真地辅佐和保护太子钊去渡过艰难的困境，安抚远方的人，协和近邻，安抚和勉励大大小小的邦国。要常想有时候人需要用礼法去管制和约束自己，你们不要让太子钊冒犯法度和陷入非法的境地！”

大臣们领受了成王的遗命，都回去了。王宫里把帐幄搬到庭院里，为成王准备后事。到了第二天乙丑日，成王驾崩了。

太保命仲桓、南宫毛俾爰齐侯吕伋[①]，以二干戈[②]、虎贲百人逆子钊于南门之外[③]。延入翼室[④]，恤宅宗[⑤]。丁卯，命作册度[⑥]。越七日癸酉，伯相命士须材[⑦]。

狄设黼扆、缀衣[⑧]。牖间南向[⑨]，敷重篾席[⑩]，黼纯[⑪]，华玉仍几[⑫]。西序东向[⑬]，敷重厎席[⑭]，缀纯[⑮]，文贝仍几[⑯]。东序西向[⑰]，敷重丰席[⑱]，画纯[⑲]，雕玉仍几。西夹南向[⑳]，敷重笋席[㉑]，玄纷纯[㉒]，漆仍几。

越玉五重[㉓]，陈宝[㉔]，赤刀[㉕]，大训[㉖]，弘璧[㉗]，琬琰[㉘]，在西序。大玉[㉙]、夷玉[㉚]、天球[㉛]、河图[㉜]，在东序。胤之舞衣[㉝]、大贝、鼖鼓[㉞]，在西房；兑之戈、和之弓、垂之竹矢[㉟]，在东房。

大辂在宾阶面[㊱]，缀辂在阼阶面[㊲]，先辂在左塾之前[㊳]，次辂在右塾之前[㊴]。

注释

①仲桓、南宫毛：两个大臣的名字。

俾：从。爰：于。齐侯吕伋：姜太公吕望的儿子。

②二干戈：仲桓、南宫毛各持盾牌和戈。

③虎贲：勇猛的武士。逆：迎。

④延：引导，给人带路。翼室：路寝旁的左右室。

⑤恤宅宗：恤宅，指忧居；宗，主也。

恤宅宗是指忧居为丧事之主持。

⑥作册：古官名，商代设置，西周时也称作册内史、作命内史、内史，负责著作简册，奉行天子诰命。

度 duó：这里是指规划、安排丧事的操办流程。

⑦伯相：指召公和毕公。须：江声说："当为'颁'字之误也。"材：指丧礼所用器物。

⑧狄：古代最下级的官吏，这里是指办理丧礼中的办事人员。黼扆 fǔyǐ：古代帝王座位后的屏风，上画斧形花纹。

⑨牖 yǒu：窗户。南向：朝南的位置。

⑩敷：布置，铺设。重：双层。篾席：竹条编织的席子。

⑪黼纯：黼，古代礼服上绣的半黑半白的花纹；黼纯是指用白黑色绢制成花纹，作边缘的装饰。

⑫华玉：五彩玉。仍几：保留原样的几案。为纪念死者，保留如生前原样，故称仍几。

⑬西序：堂上的东西墙叫序，在西边的叫西序。

⑭底 dǐ 席：细密的蒲草席。

⑮缀纯：连缀杂彩装饰的边缘。

⑯文贝：有花纹的贝壳。

⑰东序：堂的东墙。

⑱丰席：一种蒲草编成的席子。

⑲画纯：以五彩画帛为镶边。

⑳西夹：西厢房的夹室，参加丧礼的亲属聚集之处。

㉑笋席：嫩竹青编成的席子。

㉒玄纷纯：黑色丝带装饰的花边。

㉓越玉：越地出产的玉。五重：五种。

㉔陈宝：陈列宝物。

㉕赤刀：宝刀，郑玄认为是武王伐纣时用的刀。

㉖大训：记载先王训诰的典册。

㉗弘璧：大璧。

㉘琬 wǎn：圆顶的玉圭。琰 yǎn：尖顶的玉圭。

㉙大玉：华山出产的美玉。

㉚夷玉：东北夷等少数民族地区出产的美玉。

㉛天球：球形的玉磬。

㉜河图：占卜用的八卦图。

㉝胤之舞衣：胤氏制作的舞衣。

㉞鼖 gǔ 鼓：古代的一种大鼓。

㉟兑之戈：兑氏造的戈。和之弓：和氏造的弓。
垂之竹矢：垂氏造的竹箭。

㊱大辂：又称玉辂，古时天子所乘之车，用玉装饰的。
宾阶：正殿西侧的台阶，宾客所站立的位置。

㊲缀辂：又称金辂，古代天子所乘的一种车，用金装饰的。
阼 zuò 阶：东侧的台阶，主人所站立之处。

㊳先辂：天子或诸侯使用的一种用象牙装饰的正车。
左塾：大殿左侧的堂屋。

㊴次辂：副车，其规格次于先辂。右塾：大殿右侧的堂屋。

译文

太保命令仲桓、南宫毛二人跟从齐侯吕伋，手持盾牌和戈，率领一百名凶猛的武士去都城南门外迎接太子钊，然后带太子钊进入路寝的侧室，让他居忧主持丧礼；丁卯日，又命令作册安排和布置丧礼的具体操作。七天之后的癸酉日，召公和毕公命令办事人员准备和布置丧礼所需的器物。

狄人摆设一个有黑白色纹饰相间的屏风，以及成王临终时用的帐幄；在窗户之间朝南的位置，铺设双层由竹篾编织的席子，这种席子的边缘是用白、黑色绢制成花纹来做装饰的；又用五彩玉装饰一张成王生前曾用过的几案。在堂上西边的那面墙朝东的位置下，铺上双层由细密的蒲草编织的席子，这种席子的边缘用连缀杂彩来装饰；用带有花纹的贝壳装饰一张成王生前曾用过的几案。在东边那面墙朝西的位置下，铺上双层由蒲草编织的席子，这种席子用五彩画帛作为镶边；又用雕玉装饰一张成王生前曾用过的几案。在西厢房朝南的位置，铺上一张由嫩竹青编成的席子，这种席子用黑色丝带来装饰花边；又用漆器来装饰一张成王生前曾用过的几案。

越地出产的五种玉、各种陈列的宝物、赤刀、大训、弘璧、琬琰等这些器物都摆放在西边那面墙下。大玉、夷玉、天球、河图等器物都摆放在东边那面墙下。胤氏制作的舞衣，以及大贝、大鼓这些器物都摆放在西厢房。兑氏造的戈、和氏造的弓、垂氏造的竹箭等这些器物都摆放在东厢房。

把大辂车放在宾客所站立的西阶前面；把缀辂车放在主人所站立的东阶前面；把先辂车放在大殿左侧的堂屋之前；把次辂车放在大殿右侧的堂屋之前。

二人雀弁①，执惠②，立于毕门之内③。四人綦弁④，执戈上刃⑤，夹两阶戺⑥。一人冕⑦，执刘⑧，立于东堂。一人冕，执钺⑨，立于西堂。一人冕，执戣⑩，立于东垂⑪。一人冕，执瞿⑫，立于西垂。一人冕，执锐⑬，立于侧阶⑭。

注释

①雀弁：弁是一种帽子；雀弁是古代比冕次一级的礼冠，宽八寸，高一尺二寸，如雀头色，赤而微黑，故称雀弁。

②惠：古代兵器名，三棱长矛。

③毕门：庙门。

④綦 qí 弁：古代的一种青黑色鹿皮帽。

⑤上刃：刃向向外。

⑥阶戺 shì：台阶两旁所砌的斜石。

⑦冕：礼帽。

⑧刘：兵器名，形状像斧子。

⑨钺：古代兵器，青铜制，像斧，比斧大，圆刃。

⑩戣 kuí：古代兵器名，三锋的矛。

⑪垂：侧边。

⑫瞿 qú：也是戟一类的兵器。

⑬锐 duì：矛一类的兵器。

⑭侧阶：堂北的台阶。

译文

两个人各戴雀弁帽，手持三棱长矛，站在毕门之内。四个人各戴青黑色鹿皮毛，手持戈，戈刃朝外，站在台阶旁所砌的斜石的两边。一人头戴礼帽，手持刘，站在东堂。一人头戴礼帽，手持钺，站在西堂。一人头戴礼帽，手持戣，站在大堂东边。一人头戴礼帽，手持瞿，站在大堂西边。一人头戴礼帽，手持锐，站在大堂北面的台阶上。

王麻冕黼裳[①]，由宾阶跻[②]。卿士邦君麻冕蚁裳[③]，入即位[④]。太保、太史、太宗皆麻冕彤裳[⑤]。太保承介圭[⑥]，上宗奉同瑁[⑦]，由阼阶跻[⑧]。太史秉书[⑨]，由宾阶跻，御王[⑩]，册命曰："皇后凭玉几[⑪]，道扬末命[⑫]，命汝嗣训[⑬]，临君周邦[⑭]，率循大卞[⑮]，燮和天下[⑯]，用答扬文、武之光训[⑰]。"王再拜，兴[⑱]，答曰："眇眇予末小子[⑲]，其能而乱四方以敬忌天威[⑳]！"

乃受同瑁，王三宿[㉑]，三祭[㉒]，三咤[㉓]。上宗曰："飨[㉔]！"太保受同[㉕]，降，盥[㉖]，以异同秉璋以酢[㉗]。授宗人同[㉘]，拜[㉙]。王答拜。太保受同，祭，哜[㉚]，宅[㉛]，授宗人同，拜。王答拜。太保降[㉜]，收[㉝]。诸侯出庙门俟[㉞]。

注释

①王：周康王。麻冕：麻制的礼帽。

黼裳：绣有黑白斧形的下衣，康王的祭服。

②跻 jī：登，升上。

③蚁裳：黑色的下衣，礼服。

④即位：这里指各就各位。

卿士站在大庭里的东边，诸侯站在西边，都面朝北。

⑤太宗：大宗伯，掌邦国祭祀、典礼等事。

彤裳：红色的下衣，礼服。

⑥承：捧着。介圭：亦作"介珪"，指大圭。

⑦上宗：太宗的别称，即太宗。同：古代爵一类的酒器。

瑁：古代帝王所执的玉器，用以覆诸侯的圭。

⑧阼阶：东侧的台阶，主人所站立之处。

⑨秉：拿着。书：书写着成王册命的简册。

⑩御：迎着，面对着。

⑪皇后：在上古是指君主，这里是指刚刚驾崩的成王。

凭：靠着。玉几：玉制的几案。

⑫道扬：宣布。末命：临终的遗命。

⑬嗣训：指继承文王武王的训教。

⑭临君：即君临，指君主统辖，这里泛指统治。

⑮率循：指遵循。卞：法，法度。

⑯燮 xiè 和：协和。

⑰用：以。答：回应，报。光训：光明的训教。

⑱兴：起。⑲眇眇：微小。末：细。

⑳其能：岂能，怎么能。

而：通“安”。安定。乱：治理。忌：畏。

㉑三宿：向成王灵位进酒三次。

㉒三祭：三度酌酒于三处为祭。

㉓三咤：奠酒三次。

㉔飨 xiǎng：饮，饮酒。

㉕受同：接过酒杯。㉖盥 guàn：洗手。

㉗异同：另一种酒杯。璋：古瑞玉。

酢 zuò：客人用酒回敬主人。

㉘宗人：古代官名，掌宗庙、谱牒、祭祀等。

㉙拜：太保拜康王。㉚哜 jì：尝。

㉛宅：通“咤”。奠酒。

㉜太保降：太保从堂上下来。

㉝收：结束礼仪。

㉞俟：待，等待。

译文

康王头戴麻制的礼帽，穿着绣有黑白斧形的下衣，从正殿西侧的宾阶登上正殿。卿士和各邦国诸侯头戴麻制的礼帽，穿着黑色的下衣，进入正殿，然后各就各位。太保、太史、太宗都头戴麻制的礼帽，穿着红色的下衣。太保手里捧着大玉圭，太宗拿着酒爵、瑁，从正殿东侧的阼阶登上正殿。太史手持册书，从宾阶登上正殿，他面对着康王宣读册命，说："成王靠着玉几案，宣布他临终的遗命，命你继承先王的遗训，统治周邦，遵循大法，协和天下，以此来报答和宣扬文王与武王那光辉的遗训。"康王拜了两拜，答道："渺小的我还很年轻，怎么能安定和治理天下、敬畏天威呢！"

康王接受酒爵和瑁，康王向成王灵位进酒三次，祭酒三次，奠酒三次。上宗说："请康王饮酒！"太保接受康王的酒爵，走下台阶，洗手，用另外一个酒爵秉璋向康王回敬酒。敬完酒之后，太保又把酒爵给宗人，然后向康王跪拜行礼。康王答拜。太保又接过酒爵，给成王灵位祭酒，然后品尝了酒爵里的酒，然后又奠酒，把酒爵给宗人，然后又下拜。太保走下正殿台阶，宣布结束礼仪。诸侯们都出了庙门，待命。

吕　刑

题解

吕，是指吕侯。吕侯曾向穆王提出一些关于刑法方面的建议。本篇主要内容是穆王向各国诸侯及负责刑狱的官员发布的诰辞，因为这和吕侯的建议有关，故本篇称“吕刑”。穆王在这篇诰辞中主要阐述了制定刑法和合理使用刑法等方面的内容，对研究我国上古法制思想有重要的价值。

吕命穆王训夏赎刑①，作《吕刑》。

注释

①吕：吕侯。命：告诉。穆王：名满，昭王之子，周王朝第五位帝王。训：顺。赎刑：用物品或财物赎罪的刑法。

译文

吕侯告诉穆王要沿用夏代的赎刑，史官记载此事，作了《吕刑》。

（以上是《吕刑》的序言）

惟吕命王："享国百年[①]，耄荒[②]，度作刑[③]，以诘四方[④]。"

王曰："若古有训[⑤]，蚩尤惟始作乱[⑥]，延及于平民，罔不寇贼[⑦]，鸱义奸宄[⑧]，夺攘矫虔[⑨]。苗民弗用灵[⑩]，制以刑[⑪]，惟作五虐之刑[⑫]，曰法。杀戮无辜，爰始淫为劓、刵、椓、黥[⑬]。越兹丽刑并制[⑭]，罔差有辞[⑮]。

"民兴胥渐[⑯]，泯泯棼棼[⑰]，罔中于信[⑱]，以覆诅盟[⑲]。虐威庶戮[⑳]，方告无辜于上[㉑]。上帝监民，罔有馨香德刑发闻[㉒]，惟腥。皇帝哀矜庶戮之不辜[㉓]，报虐以威[㉔]，遏绝苗民[㉕]，无世在下[㉖]，乃命重黎[㉗]，绝地天通[㉘]，罔有降格[㉙]。群后之逮在下[㉚]，明明棐常[㉛]，鳏寡无盖[㉜]。"

注释

①享国百年：指周代建国至穆王约有百年。

②耄：老。荒：远，久远。

③度：考虑，思度。④诘：问罪。⑤若：在，于。

⑥蚩尤：东方九黎族的首领，与黄帝战于涿鹿，战败被杀。惟：助词，无义。⑦寇：抄掠，侵略。贼：残杀。

⑧鸱 chī 义：丧失天良的行为。

⑨攘：偷窃。矫虔：泛指敲诈掠夺。

⑩苗民：三苗的百姓。用：用命，听从。灵：通"令"。政令。

⑪制以刑：即以刑法制约。⑫五虐之刑：五种暴虐、残酷的刑法。

⑬爰：于是。淫：过度。劓：割鼻子。刵：割去耳朵。

椓 zhuó：宫刑，即阉割。

黥 qíng：墨刑，在人脸上刺字并涂墨。

⑭越兹：从此。丽：通“罹”。遭遇，犯法。

⑮差：减免。有辞：有辞辩解者，指无罪。

⑯民：苗民。兴：起。胥：相。渐：这里指渗透和影响。

⑰泯泯棼棼：纷乱的样子。⑱中：符合。信：诚信。

⑲覆：背弃。诅：誓言。盟：盟约。

⑳虐：暴虐。威：威吓，威慑。庶戮：众被侮辱者，众受刑者。

㉑方：通“旁”。普遍，广泛。上：指上天。

㉒馨香：很远都能闻到的香气，形容很香。

德刑：以德施行刑法。发：散发。

㉓皇帝：指天帝。不辜：无罪。

㉔报虐以威：以天威来惩罚暴虐的人。

㉕遏绝：遏制和断绝。㉖世：世系，这里指后代。下：在下界。

㉗重黎：即重与黎，分别为羲、和二氏的祖先。

㉘绝地天通：指天神不会降到地上，地神也不至于上天。

意谓使天地各得其所，人在天地之间建立固定的纲纪秩序。

㉙格：升。㉚群后：指高辛和尧、舜。逮：及，相继。

㉛明明：显用明德的人。棐常：辅助施行常法。

㉜鳏寡：光棍和寡妇，这里是指代那些孤苦伶仃的人。

盖：蒙蔽。

译文

吕侯告诉穆王说：“周人建国统治天下已经有一百多年了，很长、很久远啦！应该考虑制定一个刑法了，以便问罪于四方不守法之人。”

穆王说：“上古有遗训，说蚩尤带头犯上作乱，蔓延到了平民当中，于是平民无不掠夺、残杀，无不做一些丧尽天良和犯上作乱的事情，以及偷窃和敲诈掠夺。三苗之民不听从他的命令，他就用刑法来压制他们，他制定了五种残暴的酷刑，称为法。用这些刑法去杀戮无辜之人，于是过度地使用劓、刵、椓、黥等酷刑。从此，凡是遭遇犯罪的人一律受到处罚，不管他是否无辜或有冤辞。

“百姓逐渐相互影响，一片混乱，他们的行为都不符合信义，不讲信用，对待誓言和盟约都反复无常。受到暴虐威吓的那些受刑之人都纷纷向上天申诉他们的无辜。天帝监察下界的臣民，发现下界没有以德行来合理施行刑罚的馨香，只有弥漫着的血腥味。尧帝怜悯众多受刑之人的无辜和冤屈，就以天威来惩罚那些暴虐的人，灭绝了苗民的君主，并使他断绝了子孙。于是又命令重黎断绝天地之间的感应，使天地各得其所，天神不降到地上，地神也不升天。众多君主相继统治天下，只彰明和施行常法，这一点就连孤苦伶仃的人都不受蒙蔽。”

“皇帝清问下民①，鳏寡有辞于苗②。德威惟畏③，德明惟明④。乃命三后⑤，恤功于民⑥。伯夷降典⑦，折民惟刑⑧；禹平水土，主名山川⑨；稷降播种⑩，农殖嘉谷⑪。三后成功，惟殷于民⑫。士制百姓于刑之中⑬，以教祇德。

“穆穆在上⑭，明明在下⑮，灼于四方⑯，罔不惟德之勤，故乃明于刑之中，率乂于民棐彝⑰。典狱非讫于威⑱，惟讫于富⑲。敬忌，罔有择言在身⑳。惟克天德㉑，自作元命㉒，配享在下。”

注释

①皇帝：指尧帝。清问：清楚地询问。

②辞：指有怨言。

③德威惟畏：指有威严的德行，别人就会敬畏他。

④德明惟明：指德行显著就会受到别人尊重。

⑤三后：即伯夷、禹、稷。

⑥恤：体恤。功：事功。

⑦伯夷：尧帝的大臣。降：制定，颁布。典：法典。

⑧折：断，这里是指断案和处理诉讼。

⑨主名山川：主持给山川命名。

⑩稷：后稷，周族的祖先，尧舜时负责农业的大臣。

⑪农殖嘉谷：农民种植出好的谷物。

⑫殷：富裕，富足，这里是指使殷民富裕。

⑬士：官员，指负责管理百姓的司法官员。
制：约束，控制。百姓：百官。于：以。中：平。
刑之中：即中刑，是指量刑适当的刑法。

⑭穆穆：恭敬的样子。

⑮明明：明察。

⑯灼：光辉照耀。

⑰率：都，皆。乂：治理。棐彝：辅成教化，辅助常教。

⑱典狱：指掌管监狱的官员。讫：止。

⑲富：福，好处。

⑳择 dù 言：择，通“斁”。败。择言是指败坏之言，指坏话。

㉑克：能。天德：上天的美德。

㉒元命：大命。

译文

“尧帝清楚地询问百姓的情况，发现鳏寡孤独的人对三苗的君主有怨言。一个人有威严的德行，别人就会敬畏他；德行显著就会受到别人尊重。尧帝于是命令伯夷、禹、稷这三个人体恤百姓，并在百姓当中建立事功。伯夷制定法典，断民事案件就以这个法典为标准；大禹治理好水土，并主持给山川命名；稷给百姓指导播种的方法，农民种植出了好的谷物。这三个人都成就了功业，也使百姓富足了。负责司法的官员管理百姓就用中刑，以教化人民敬重德行。

“君王端庄严肃地在上面，大臣明察在下，他们的光芒照耀四方，没有不勤勉于修养德行的，故而彰明中刑，都以常法来辅助治理百姓。负责刑狱事务的官员不是以威吓犯人为目的，而是让他们都从中得到福惠。要恭敬小心，就不会有人说一些败坏你的言辞了。只有能够遵循上天的德行，完成天命，才能受到下界的配享。”

王曰：“嗟！四方司政典狱①，非尔惟作天牧②？今尔何监③？非时伯夷播刑之迪④？其今尔何惩⑤？惟时苗民匪察于狱之丽⑥，罔择吉人⑦，观于五刑之中⑧；惟时庶威夺货⑨，断制五刑⑩，以乱无辜，上帝不蠲⑪，降咎于苗⑫，苗民无辞于罚⑬，乃绝厥世。”

注释

①司政：掌管政事的人。

②作天牧：牧，是指管理；作天牧是指替上天来管理老百姓。

③监：借鉴。

④时：同“是”。这。播：施行。迪：道。

⑤惩：惩戒，以某事某物为诫。

⑥匪：不。丽：施行。

⑦吉人：指贤良之人。

⑧观：观察，评定。

⑨庶威：指众多暴虐之人。夺货：指掠夺别人财货的恶人。

⑩断制：裁决和控制。

⑪不蠲：蠲，古同“涓”，清洁。不蠲是指不洁净。上帝不蠲，即上天认为这是不洁净的、肮脏的。

⑫咎：灾祸。

⑬无辞于罚：对于上天的惩罚无话可说。

译文

穆王说：“唉！各地的行政官员和掌管刑狱的官员，你们不是在替上天管理下界的老百姓吗？如今你们用什么来作为你们的借鉴呢？难道不是伯夷施行刑法之道吗？如今你们又以何为诫呢？是三苗之人无视监狱和刑法，不选拔和任用贤人来评定刑法是否适中；却只任用众多暴虐之人和打家劫舍的恶人来决定和控制五刑的实施，由此胡乱惩罚无辜之人，天帝认为这种做法，是肮脏的，于是给三苗降下了灾祸。三苗的老百姓对这天降之灾也无话可说，于是断绝他们世系的延续，后代就此断绝。”

王曰："呜呼！念之哉！伯父、伯兄、仲叔、季弟、幼子、童孙[①]，皆听朕言，庶有格命[②]。今尔罔不由慰日勤[③]，尔罔或戒不勤[④]。天齐于民[⑤]，俾我一日[⑥]，非终惟终[⑦]，在人。尔尚敬逆天命[⑧]，以奉我一人[⑨]！虽畏勿畏，虽休勿休[⑩]，惟敬五刑，以成三德[⑪]。一人有庆[⑫]，兆民赖之[⑬]，其宁惟永[⑭]。"

注释

①伯兄：长兄。仲叔：兄弟中排行第二的人。季弟：最小的弟弟。

②庶：表示希望的副词，犹指或许、但愿。格命：大命，福命。

③由：用。慰：安慰。勤：勤勉，勤劳。

④或：有人。戒：戒备。⑤齐：整，整治。

⑥俾：使，任用。⑦非终惟终：这里是指能不能做到最后。

⑧敬逆：逆，迎；敬逆是指恭敬地迎接。

⑨奉：为……效劳，侍候。⑩休：好事。

⑪三德：三种品德，具体说法不一，一般是指刚克、柔克、正直。

⑫庆：喜庆之事。

⑬赖：依靠。⑭宁：安宁。

译文

穆王说："啊！要顾念这一点啊！伯父、伯兄、仲叔、季弟、幼子、童孙，你们都要听我的话啊，或许就会有福命。如今你们没有人不安慰自己说：我很勤奋。你们没有人会戒备自己的懒惰和不勤。上天治理老百姓，任用我一天又一天，能否最终做好，这都事在人为。希望你们恭敬迎接天命，而为我效劳！即使有可怕的事情，也别怕；有可喜之事，也别太高兴了。要恭敬而谨慎地施行五刑，以培养三种德行。我一人好了，天下所有人都有所仰仗，他们才能永久安宁。”

王曰：“吁！来！有邦有土[①]，告尔祥刑[②]，在今尔安百姓，何择，非人？何敬，非刑？何度[③]，非及[④]？

“两造具备[⑤]，师听五辞[⑥]；五辞简孚[⑦]，正于五刑[⑧]；五刑不简，正于五罚[⑨]；五罚不服，正于五过[⑩]。五过之疵[⑪]：惟官、惟反、惟内、惟货、惟来[⑫]。其罪惟均[⑬]，其审克之[⑭]！

“五刑之疑有赦[⑮]，五罚之疑有赦，其审克之！简孚有众[⑯]，惟貌有稽[⑰]。无简不听[⑱]，具严天威[⑲]。

“墨辟疑赦[⑳]，其罚百锾[㉑]，阅实其罪[㉒]。劓辟疑赦[㉓]，其罚惟倍[㉔]，阅实其罪。剕辟疑赦[㉕]，其罚倍差[㉖]，阅实其罪。宫辟疑赦[㉗]，其罚六百锾，阅实其罪。大辟疑赦[㉘]，其罚千锾，阅实其罪。墨罚之属千[㉙]，劓罚之属千，剕罚之属五百，宫罚之属三百，大辟之罚其属二百。五刑之属三千。

“上下比罪[㉚]，无僭乱辞[㉛]，勿用不行[㉜]，惟察惟法，其审克之！上刑适轻[㉝]，下服[㉞]；下刑适重，上服。轻重诸罚有权[㉟]。刑罚世轻世重[㊱]，惟齐非齐[㊲]，有伦有要[㊳]。

“罚惩非死，人极于病[㊴]。非佞折狱[㊵]，惟良折狱，罔非在中。察辞于差[㊶]，非从惟从[㊷]。哀敬折狱[㊸]，明启刑书胥占[㊹]，咸庶中正[㊺]；其刑其罚，其审克之！狱成而孚，输而孚[㊻]，其刑上备[㊼]，有并两刑[㊽]。”

注释

①有邦有土：指封国诸侯和有采地的大臣。

②祥刑：通“详刑”。指谓善用刑罚，善用刑之道。

③度：考虑，谋划。

④及：表示程度，相当于“极”。

⑤两：指囚与证两者。

⑥师：士师，指法官。听：平治、审理。

五辞：孔疏：“众狱官共听其入五刑之辞。”即众狱官共听诉讼双方的控告之辞，无有偏私。

⑦简孚：犹指核实。

⑧正：治罪。于：以。

五刑：指上文提到的墨、劓、剕、宫、大辟五种刑罚。

⑨五罚：对罪行不足以判五刑的犯人令其出相应罚金以赎罪。

⑩五过：古代刑法规定可以宽恕的五种罪过。

⑪疵：缺点，弊病。

⑫官：官势，权势。反：报复。内：指徇私。

货：以财物贿赂。来：马融本作“求”，指有人求情。

⑬其罪惟均：指法官犯上述五种错误，就与犯人同罪。

⑭审克：孙星衍认为“克”与“核”声相近，审克指审核，察实。

⑮疑：疑问，值得商榷的地方，这里指案情可能有疑点。

赦：免除和减轻刑罚。

⑯简孚有众：到群众中去核实和调查案情。

⑰貌：外表。稽：稽考，考查。

⑱听：听从，采纳。

⑲具严天威：具，上古同“俱”，完全。

这里是指要完全维护上天的威严。

⑳墨：黥刑。辟：罪。疑赦：指有疑点就从轻或赦免。

㉑锾 huán：古代重量单位。

有的说等于六两，有的说等于六两半，标准不一。

㉒阅实：即核实。

㉓劓：古代一种割掉鼻子的酷刑。

㉔倍：指比黥刑的处罚多一倍，即二百锾。

㉕剕 fèi：古代把脚砍掉的酷刑。

㉖倍差：比劓刑的处罚多一倍又一半，即五百锾。

㉗宫：宫刑。

㉘大辟：死刑。

㉙属：指刑罚的条目。

㉚比：参照，对比。

㉛僭：差错。辞：讼词，供词。

㉜不行：已废除的不再通行的法律。

㉝适：作连词，犹指“如果”“假如”。

㉞下服：向下减一等级处理。

㉟权：这里指可以权衡其轻重。

㊱世轻世重：根据时事的不同而确定轻重。

㊲惟齐非齐：第一个齐是动词，指整治；第二个齐是名词，指整齐。

㊳伦：条理。要：纲要。

㊴极：大大超过。

㊵佞：佞人，巧言善辩的人。折狱：断案。

㊶差：指供词的不一致之处。

㊷非从惟从：指不伏法的犯人也会伏法。

㊸哀：怜悯和同情。

㊹明启：公开地打开。胥：相互。占：指辩护。

㊺庶：几乎，接近。中正：公正、适中。

㊻狱成：判定案件。孚：信服。输：改判，或指平反。

㊼上备：以慎重为上。备，慎，慎重。

㊽有并两刑：两罪只罚一种，不责其余。

译文

穆王说："喂！都过来，有封国的国君和有采地的大臣们，我要告诉你们善用刑法之道，如今你们治理老百姓，要选择什么，不是贤良的人才吗？要对什么恭敬和谨慎，不是刑法吗？要谋划什么，不是断案的标准吗？

"原告和被告都要到场，审理案件的官员要仔细听取原告和被告双方的陈述；他们的陈述被核实之后，才能用五刑进行宣判；经核实，不能采用五刑的，就处以五种罚金；如果不符合罚金的，就按五种可以宽恕的罪过来处理。使用五过的时候，有一些弊端：靠权势而获得赦免、惧怕犯人的报复而赦免、徇私情而赦免、贿赂而赦免、托人说情而赦免。如果法官因为这些情况而赦免犯人，那么他就和犯人同罪，这些要认真审核、查清实情！

"对于是否给犯人判五刑，若有疑点，就可以免除五刑或减轻处罚；对于是否给犯人判五罪，若有疑点，就可以免除五罪或免除处罚。这要认真审核、查实！要到群众中去核实和调查案情，一些表面的蛛丝马迹都要稽考一下。没有经过核查就定下的案子是不能通过的，要完全维护上天和刑法的尊严。

"对犯人判墨刑若有疑点，就可以从轻处罚，罚一百锾罚金，同时要核实其罪行。对犯人判劓刑若有疑点，就可以从轻处罚，罚二百锾罚金，同时要核实其罪行。对犯人判处剕刑若有疑点，就从轻处罚，罚五百锾罚金，同时核实其罪行。对犯人判处宫刑若有疑点，就从轻处罚，罚六百锾罚金，同时核实其罪行。对犯人判处大辟之刑时若有疑点，就从轻处罚，罚千锾罚金，同时核实其罪行。墨刑的条目有一千条，劓刑的条目有一千条，剕刑的条目有五百条，宫刑的条目有三百条，大辟之刑的条目有二百条。五刑的条目总共有三千条。

“定罪要将上、下刑相互比照，不能把讼词搞混乱了，不要使用那些已经废弃的、不通行的法律，要认真核查、依法执行，这一点要认真审查！上刑若轻，就改判为下刑；下刑若重，就改判为上刑。量刑是从轻还是从重，都要认真权衡。刑罚的轻重要根据时事和时代的不同来确定，但都是为了整治社会的混乱状态，都是为了使社会有条有理。

“刑罚没有置人于死地，但受刑之人都会感觉比生了病还痛苦。不是只有巧言善辩的人才能够断案，而是只有贤良之人才能断案，用贤良之人断案无非是为了刑罚的公正和适中。要认真考察出原告和被告双方的讼词的矛盾和不一致之处，这样的话就会使得不伏法的犯人都伏法。要以怜悯和和恭敬认真的态度去断案，公开打开刑法典籍，让原告和被告双方相互辩解。人们都觉得公正合理了，再决定是处以刑罚还是处以罚金，这都需要认真核查！给案件定案要让人心服口服，改判案件也要合理和使人信服。案件核实后，要据实上报，如果犯两种罪，就按一种罪来判刑。”

王曰："呜呼！敬之哉！官伯族姓①，朕言多惧②。朕敬于刑，有德惟刑③。今天相民④，作配在下⑤。明清于单辞⑥，民之乱⑦，罔不中听狱之两辞⑧，无或私家于狱之两辞⑨！狱货非宝⑩，惟府辜功⑪，报以庶尤⑫。永畏惟罚⑬，非天不中⑭，惟人在命⑮。天罚不极⑯，庶民罔有令政在于天下⑰。"

王曰："呜呼！嗣孙，今往何监？非德？于民之中⑱，尚明听之哉！哲人惟刑⑲，无疆之辞⑳，属于五极㉑，咸中有庆㉒。受王嘉师㉓，监于兹祥刑㉔！"

注释

①官：典狱官。伯：指诸侯。族姓：同姓贵族或大臣。

②多惧：很让人畏惧。

③有德惟刑：承上句，是指有德行的人都重视刑法。

④相：助。

⑤作配：是指与某人或某事物相对应、配合，这里应当是指君王。

⑥明清：搞清楚，清楚明了。单辞：单方面的言辞，即一面之词。

⑦乱：混乱。

⑧中听：站在中间听取，即站在原告和被告的中间，公正地听取双方的讼词。两辞：原告和被告双方的讼词。

⑨或：有人。私家：为自己谋私。⑩狱货：诉讼中得了货财。

⑪府：府吏，指古代管理财货或文书的官吏。辜功：罪状。

⑫报：回报。尤：怪罪，归罪于某人。

⑬永畏惟罚：永远畏惧的是刑罚。

⑭非天不中：不是上天不公平。中，指公平。

⑮惟人在命：这是他本人的命运就该如此。
⑯不极：不合中正的准则。⑰令政：善政。
⑱于民之中：指对于百姓要站在中间，即要公正公平办理案件。
⑲哲人惟刑：明哲、智慧的人处理刑法。
⑳辞：讼词。㉑属：归属，归于。五极：五刑。
㉒咸中有庆：都做到公平和公正就是可喜庆之事。
㉓嘉师：这里是指优秀的典狱官。㉔祥：善。

译文

穆王说："啊！要恭敬和重视啊！典狱官和诸侯们，以及同姓的官员们，我的话很让人畏惧。我是重视刑法的，而且有德之人都是重视刑法的。如今上天扶助老百姓，作君王的是在下界治理和保护百姓。只搞清楚或只听一面之词，那么就会造成百姓混乱。故而，对于双方的讼词，不要不公正，不要有人在办案过程中谋取私利！在诉讼和办案过程中所获的财物不是宝贝，可能是祸害，办案的府吏若有这样的罪状，那么他的回报就是招致百姓对他的怪罪。刑罚是永远值得敬畏的，不是上天不公正，而是犯罪的人命该如此。如果上天的惩罚不符合中正的原则，那么天下的老百姓就享受不到善政了。"

穆王说："啊！后继的子孙们，今后应当以什么为借鉴？不是美德吗？对于百姓，要居于其中间，要公正。希望你们清楚明白地听取！明哲、智慧之人在处理刑法的时候，面对无边无际的众多讼词，都能有条理地把他们分别归属到五极之中，而不混乱。如果都能如此公正地办案，那就是可喜可庆之事。作为受命于王的优秀官员们，要以这典型而完美的案例为借鉴啊！"

文侯之命

题解

文侯，指晋文侯。命，这里是指册命、嘉奖。西周灭亡后，周平王被迫东迁洛邑，建立了东周。在这一过程中，晋文侯对周平王有拥立和护送其东迁之功，故而平王对晋文侯给予了嘉奖。本篇就是平王对晋文侯的册命之辞。今、古文《尚书》中皆有。

平王锡晋文侯秬鬯、圭瓒[①]，作《文侯之命》。

注释

①平王：周平王（约前781—前720年），东周第一代王。锡：即“赐”。圭瓒：古代的一种玉制酒器，形状如勺，以圭为柄，用于祭祀。

译文

周平王赐给晋文侯由黑黍和郁金香草酿造的酒，以及圭瓒，史官记载此事，作了《文侯之命》。

（以上是《文侯之命》的序言）

王若曰："父义和[1]！丕显文、武[2]，克慎明德[3]，昭升于上[4]，敷闻在下[5]；惟时上帝，集厥命于文王。亦惟先正克左右昭事厥辟[6]，越小大谋猷罔不率从[7]，肆先祖怀在位[8]。

"呜呼！闵予小子嗣[9]，造天丕愆[10]。殄资泽于下民[11]，侵戎我国家纯[12]。即我御事，罔或耆寿俊在厥服[13]，予则罔克曰惟祖惟父[14]，其伊恤朕躬[15]！呜呼！有绩予一人永绥在位[16]。

"父义和！汝克绍乃显祖[17]，汝肇刑文、武[18]，用会绍乃辟[19]，追孝于前文人[20]。汝多修[21]，扞我于艰[22]，若汝，予嘉。"

注释

①父义和：这是周天子对同姓诸侯长辈的尊称，周天子与晋文侯同辈，故有此称呼。

②丕：大。显：显著。

③克：能。慎：谨慎。明德：有美德。

④昭升于上：显著地被上天所知道。

⑤敷闻：敷，普遍。敷闻是指广泛地被传闻。

⑥先正：亦作"先政"，泛指前代的贤臣。

左右：指在君王的左右，这里是指辅佐君王。

昭事：勤勉地服事。昭，通"劭"。厥：其。辟：君王。

⑦越：于。小大谋猷：大大小小的谋略和计策。率从：遵循，顺从。

⑧肆：故而，因此。怀：安。

⑨闵：同"悯"。怜恤，哀伤。

⑩造：遭受。丕愆：大罪，大过。

⑪殄：尽，绝。资泽：资产和恩泽。

⑫侵戎：侵略的军队。纯：大，规模大。

⑬耆寿：老人，这里指老臣。

俊：俊才，泛指有杰出才能的人。服：服务，做事。

⑭惟祖惟父：祖辈和父辈。

⑮其：语气词，表示希望。伊：他，他们。恤：体恤，忧恤。

⑯有绩：成就业绩。绥：安。

⑰绍：继承。显祖：对祖先的美称，晋侯的祖先是唐叔虞。

⑱肇：开始，发起，带头。刑，通“型”。法式，典范，榜样。

⑲会：会合。乃辟：指文侯的祖先。

⑳追孝：追行孝道于前人。前文人：指文王。

㉑修：善，美好。

㉒扞 hàn：通“捍”。捍卫，保卫。

译文

平王这样说道：“叔父义和啊！伟大而功绩卓著的文王和武王能够谨慎做事和修行美德，他们被上天所知道，被下界所广泛传闻；于是，天帝把福命都聚集到文王身上了。也是因为那些老臣们能够在文王左右辅佐他，勤勉地为他做事，无论大小谋略和计策，都一一听从，因此，先王们都一直安稳地坐在君位上。

“啊！可怜我这个即位的年轻人了，遭受上天的罪罚，断绝了老百姓的财产和恩泽，外族大规模入侵我们国家。现在我这些做事的大臣里面，没有那些老臣和杰出的人才在职。而我又不能说：祖辈和父辈们，你们来体恤我的忧愁吧！使我成就功绩和永远安稳地坐在这个君位上。

“叔父义和！你能继承你的祖先，带头以文王和武王为榜样，以会合诸侯拱卫王室的方式继承你的祖先，追行孝道于文王。你有很多优点，你在我处于艰难之境时捍卫和保卫我，像你这样的，我要嘉奖一下。”

王曰：“父义和！其归视尔师①，宁尔邦②。用赉尔秬鬯一卣③，彤弓一④，彤矢百⑤，卢弓一⑥，卢矢百，马四匹。

“父往哉！柔远能迩⑦，惠康小民⑧，无荒宁⑨。简恤尔都⑩，用成尔显德⑪。”

注释

①归：回去，指回到晋国。视尔师：检阅你的军队，这里是指整顿治理你的军队。

②宁：使安宁。

③赉：赐予。卣：古代一种盛酒的器具。

④彤弓：朱漆弓，古代天子用以赐有功的诸侯或大臣，使专用于征伐。

⑤彤矢：朱漆箭，古代天子用以赐有功诸侯大臣。

⑥卢弓：黑色弓，古代诸侯有大功，则天子赐予黑色弓矢，以之象征征伐之权。

⑦柔远：怀柔和安抚远方的人们。能迩：能，亲善；迩，近。

⑧惠：使受到恩惠。康：使康宁。

⑨无：毋，不要。荒宁：荒淫和安于逸乐。

⑩简恤：谓考察而体恤之。

⑪用：以。显德：显著的德行。

译文

平王说："叔父义和！希望你回去整顿你的军队，安宁你的邦国。我赐予你黑黍和郁金香草酿造的酒一卣，朱漆弓一个，朱漆箭一百只，黑色弓一个，黑色箭一百只，马四匹。

"叔父去吧！去安抚远方的人，亲善近邻，使小民受到恩惠和过上安康的生活，不要荒淫和安于逸乐。你要经常考察和体恤你的国都里的人，以成就你显著的德行。"

费 誓

题解

费，地名，在今山东费县西北。费誓是鲁公伯禽在费这个地方发布的誓词，是在平定徐戎和淮夷叛乱的战争前对鲁国军民发布的。本篇在今、古文《尚书》中皆有。

鲁侯伯禽宅曲阜[1]，徐、夷并兴[2]，东郊不开[3]。作《费誓》。

注释

①伯禽：周公的长子，分封到鲁。宅：居住，定居。

曲阜：春秋时鲁国都城，即今山东曲阜。

②徐：徐戎，在今江苏徐州一带的少数民族。

夷：即淮夷。并兴：兴起，这里指一起起来叛乱。

③不开：指曲阜东城门关闭。

译文

鲁侯伯禽选择了曲阜作为其居住和定都的地方，徐戎和淮夷却趁机一起发动叛乱，曲阜东郊的城门紧闭不开。于是准备平叛，作了《费誓》。

（以上是《费誓》的序言）

公曰："嗟！人无哗[①]，听命。徂兹淮夷、徐戎并兴[②]。善敹乃甲胄[③]，敿乃干[④]，无敢不吊[⑤]！备乃弓矢，锻乃戈矛[⑥]，砺乃锋刃[⑦]，无敢不善！"

注释

①人：人们，指军队的将士，以及其他老百姓。

无哗：不要喧哗。

②徂：如今。兹：这些。

③敹 liáo：缝缀。甲胄：甲衣和头盔。

④敿 jiǎo：系连。干：盾。

⑤吊：善，良好。

⑥锻：锻造。

⑦砺：磨。

译文

鲁公说："喂！大家都不要喧哗，听我的命令。如今淮夷和徐戎一起叛乱。你们要赶快缝制你们的甲衣和头盔，连接好你们的盾牌，一定要做好！准备好你们的弓和箭，锻造好你们的戈和长矛，把你们锋利的刀刃再磨得更锋利一些，一定要做好！"

“今惟淫舍牿牛马[①]，杜乃擭[②]，敜乃穽[③]，无敢伤牿[④]。牿之伤，汝则有常刑[⑤]！”

注释

①淫：过度，大肆。舍：放，放开。

牿 gù：关养牛马的圈。

②杜：堵塞，这里指关闭。

擭：装有机关的捕兽木笼。

③敜 niè：堵塞，封闭。

穽 jǐng：同“阱”。捕野兽用的陷坑。

④牿：原关养牛马的圈，这里代指牛马。

⑤常刑：一定的刑法。

译文

“如今只有把圈里的牛马都放出来，你们关闭你们捕兽的机关，封闭捕兽的陷阱，不要大胆伤害牛马，否则你们会受到一定的刑法的制裁！”

“马牛其风[①]，臣妾逋逃[②]，勿敢越逐[③]，祗复之[④]，我商赉尔[⑤]。乃越逐不复，汝则有常刑！无敢寇攘[⑥]，踰垣墙[⑦]，窃马牛，诱臣妾，汝则有常刑！”

注释

①马牛其风：谓马、牛奔逸。

②臣妾：古代男奴为臣，女奴为妾，这里泛指奴仆。

③越逐：追逐。

④祗：敬，恭敬。复：归还。

⑤商：通“赏”。赉：赐予，赏赐。

⑥寇：盗匪，侵略。攘：侵夺，偷窃。

⑦踰：翻越。垣：墙。

译文

“牛马发情而奔逸，奴仆逃亡，你们都不要去追赶，如果抓到的话就恭敬地归还给他的主人，这样的话，我会奖赏你们的。如果去追逐而不归还给其主人，你们就会受到一定的刑法的制裁！不要抢劫和偷盗，要是翻墙越户去窃取人家的牛马、诱骗人家的奴仆的话，你们将会受到一定的刑法的制裁！”

“甲戌，我惟征徐戎。峙乃糗粮[①]，无敢不逮[②]；汝则有大刑！鲁人三郊三遂[③]，峙乃桢干[④]。甲戌，我惟筑[⑤]，无敢不供；汝则有无余刑[⑥]，非杀。鲁人三郊三遂，峙乃刍茭[⑦]，无敢不多；汝则有大刑！”

注释

①峙：储备，预备。糗 qiǔ 粮：干粮。

②不逮：不到，不够。

③三郊三遂：国都以外是郊，郊以外是遂。

④桢干：古代筑墙时所用的木柱，竖在两端的叫“桢”，竖在两旁的叫“干”。

⑤筑：指筑城墙和防御工事。

⑥无余刑：指无尽的刑罚。

⑦刍茭 chújiāo：干草，牛马的词料。

译文

“甲戌日那天，我要征伐徐戎。你们要预备好干粮，不要胆敢送得不够，否则你们会遭受大的刑罚！鲁人三郊三遂的人，你们要预备好筑城用的桢干。甲戌日那天，我要筑城墙和防御工事。不要胆敢不提供，否则你们会遭受无尽的刑罚，只是不杀你们；鲁人三郊三遂的人，预备好干草等牛马的词料，不要胆敢送得不够，否则你们会遭受大的刑罚！”

秦　誓

题解

本篇是秦穆公对其大臣和全军将士发布的誓词，故称《秦誓》。起因是秦穆公不顾蹇叔的极力劝阻，发兵远道奔袭郑国，结果无功而返。在返回途中的崤山遭遇了晋国军队的伏击而全军覆没，这就是历史上著名的崤之战。后来秦穆公为自己的盲目决策而后悔不已，为了纪念那些牺牲的将士，秦穆公面对群臣及全军将士发布誓词，表达了自己的悔意。

秦穆公伐郑[①]，晋襄公帅师败诸崤[②]，还归，作《秦誓》。

注释

①秦穆公：一作秦缪公，春秋时秦国国君，嬴姓，名任好。在位三十九年（前 659—前 621 年）。谥号穆。

②诸：之于。崤 xiáo：山名，在今河南省西部。

译文

秦穆公讨伐郑国，晋襄公率领军队在崤山这个地方打败了秦国军队，秦军回来之后，秦穆公作了《秦誓》。

（以上是《秦誓》的序言）

公曰："嗟！我士[①]，听无哗[②]！予誓告汝群言之首[③]。

"古人有言曰：'民讫自若[④]，是多盘[⑤]。'责人斯无难[⑥]，惟受责俾如流[⑦]，是惟艰哉！我心之忧，日月逾迈[⑧]，若弗云来[⑨]。

"惟古之谋人[⑩]，则曰未就予忌[⑪]；惟今之谋人，姑将以为亲[⑫]。虽则云然[⑬]，尚猷询兹黄发[⑭]，则罔所愆[⑮]。"

注释

①士：群臣。

②无：毋，不要。哗：大声喧哗。

③群言之首：所说的话的要点或要领。

④讫：尽，皆。

自若：一如既往，依然如故，这里是指自以为是。

⑤多盘：盘，般也；引申为邪辟，指做错事。

⑥斯：这，代指"责人"。

⑦俾：使。如流：指顺从。

⑧逾迈：过去，消逝。

⑨云来：如云飞卷而来。

⑩古：通"故"。指过去。谋人：谋臣。

⑪就：接近。忌：教导，指导。

⑫姑：姑且。

⑬然：这样。

⑭尚猷：即尚犹，尚且还。

黄发：指老人，老人头发发白，白久则黄。

⑮愆：过失，罪过。

译文

秦穆公说："啊！我的群臣们，你们不要大声喧哗，都听我说！我将把我誓言的要点告诉你们。

"古人有一句话这样说的：'人们要都自以为是，就会做出很多邪辟和错误的事情。'责备别人不难，要想使被你责备的人顺从你的意见，那才是难事啊！我现在心里的忧愁和后悔就像日月流逝一样，悔之莫及。

"过去的谋臣说我不亲近和听从他的教导；对于现在的谋臣，我要把他们当亲人一样对待。虽说是这样，但我还是要去咨询那个老臣，这样就不会再犯错了。"

"番番良士[①]，旅力既愆[②]，我尚有之[③]；仡仡勇夫[④]，射御不违[⑤]，我尚不欲。惟截截善谝言[⑥]，俾君子易辞[⑦]，我皇多有之[⑧]！

"昧昧我思之[⑨]，如有一介臣[⑩]，断断猗无他技[⑪]，其心休休焉[⑫]，其如有容[⑬]。人之有技[⑭]，若己有之；人之彦圣[⑮]，其心好之，不啻若自其口出[⑯]：是能容之。以保我子孙黎民，亦职有利哉[⑰]！

"人之有技，冒疾以恶之[⑱]；人之彦圣，而违之俾不达[⑲]：是不能容。以不能保我子孙黎民，亦曰殆哉[⑳]！

"邦之杌陧[㉑]，曰由一人[㉒]；邦之荣怀[㉓]，亦尚一人之庆[㉔]。"

注释

①番番：形容白发苍苍的样子。良士：贤臣。

②旅力：旅，通“膂”。指脊梁骨；膂力泛指力气，精力。愆：失掉，丧失。

③有之：指他们还在秦穆公的心里。

④仡仡 yì：壮勇的样子。

⑤射御：射箭和驾战车。不违：没有失误。

⑥截截：言辞浅薄的样子。谝 piǎn 言：巧言。

⑦易：轻易。辞：用为“台 yí”，指喜悦。

⑧皇：通“遑”。

⑨昧昧：沉思的样子。

⑩介臣：能确然自守和担当大任的大臣。介，坚固自守。

⑪断断猗：形容人有决断的魄力。

⑫休休：宽容的样子。

⑬容：容纳。

⑭技：技艺，技能。

⑮彦圣：贤良，智慧。

⑯不啻：不止，不只。

⑰职：常。

⑱冒疾：妒忌。冒，通“媢”。疾，通“嫉”。恶：厌恶。

⑲违之：阻止，阻碍。不达：指不上达，不被君王所知道。

⑳殆：危险。

㉑杌陧 wùniè：倾危不安的样子。

㉒由一人：由于一个人。

㉓荣怀：国家繁荣又万民归附。

㉔尚：庶几，差不多。庆：善。

译文

“白发苍苍的贤臣、老臣，虽然已经精力衰退了，但我还惦记着他们；勇猛的武夫，射箭和驾驭战车的技艺都很好，但我不是太急切地需要。那些言辞浅薄和经常花言巧语的人，能轻易地听信和喜悦，这样的人我没空去亲近他们！

“我常常这样沉思，如果有一个能担当大任的大臣，他虽无其他技艺，但却有果断的魄力，心胸宽阔。别人有技艺，就如同自己有技艺；别人贤良而有智慧，他会特别喜好，并不仅仅像他口中所说那样。这是他能容人，用他来保我的子孙黎民，会常有好处啊！

“别人有技艺，他却嫉妒和厌恶；别人贤良和有智慧，他却阻止那个人使他不被君王发现。这是他们心胸狭窄而不能容，用他来保我的子孙黎民，也可以说是危险啊！

“邦国倾危不安，可以由一个人所决定；邦国繁荣和万民归附，也几乎可以说可能由一个人的贤良所决定。”

图书在版编目（CIP）数据

尚书译注 / 樊东译注．—北京：北京联合出版公司，2015.7（2023.8重印）

ISBN 978-7-5502-4141-1

Ⅰ．①尚… Ⅱ．①樊… Ⅲ．①中国历史－商周时代②《尚书》－译文③《尚书》－注释 Ⅳ．①K221.04

中国版本图书馆CIP数据核字（2015）第144079号

尚书译注

译　　注：樊　东
出 品 人：赵红仕
选题策划：梁明德　邵鹏军
责任编辑：王　巍
特约编辑：刘文硕
封面设计：格林文化
版式设计：格林文化

北京联合出版公司出版
(北京市西城区德外大街83号楼9层　100088)
三河市延风印装有限公司　新华书店经销
字数120千字　960毫米×640毫米　1/16　印张16.75
2015年9月第1版　2023年8月第3次印刷
ISBN 978-7-5502-4141-1
定价：39.00元